マルディ グラ 和知 徹の
牛肉料理

プロのための
火入れメソッドと料理バリエーション

マルディ グラ
和知 徹

柴田書店

はじめに

　自分はどんな料理を作りたいのか？　と考えるきっかけやタイミングは、人それぞれにあるだろう。

　1980年代の終わり、フランスではじめて研修をした店には、当時の最新の厨房機器が備わっていて、スチームコンベクションオーブンもあった。パテ作りやヴァプール、真空して煮込んだり、皿を温めたりと、利用範囲が広く、大量調理や人手不足をカバーしてくれた。

　帰国後に働きはじめたレストランにも少しの時間差で導入され、スービッド料理法が、日本のフランス料理の現場でも旋風を巻き起こす。均一で完璧な火入れができると、みんなが夢中になっていたが、なぜか自分には疑問が募っていた。しっとりとした火入れにはなるけれど、肉にしても魚にしても均一なテクスチャーに違和感を覚え、どれもがその素材ではないかのような印象を受けたのだ。

　一方で、店では炭焼きにする料理も提供していたので、牛肉はもちろん、羊、鴨、鶏、鶉、オマール海老、フォアグラと、なんでもグリルした。表面のフレーバー、外側と内側の色や香りのコントラスト、テクスチャーが複雑になり、炭で焼くだけでこんなに表情が豊かになるのかと、その世界に痺れた。

　この本では牛肉をテーマに、ステーキや煮込みから、薄切り肉や端肉、挽き肉を使ったものまで、さまざまな料理を紹介しているが、熱源はガス火、炭火、ごく普通のガスオーブンだけだ。料理によっては、加熱時間や温度の目安を出しているものもあるが、それを真似するだけではうまくいかないことを、

料理人はわからなくてはいけない。フランスのキュイジニエの多くは、CAPの資格で最低限の料理の基礎を身につけ、早ければ10代から実践に入るが、日本ではどうだろう。調理師学校を出ていても、マヨネーズを作ったことがない、パイ生地を折ったことがない者もいる。基本のキを飛ばしたまま最新機器を使い、科学で導き出した数値に頼った火入れをしていないだろうか。

　完璧であることが必ずしも"旨い"に結びつかない料理の難しさ。手間はかかっても、長い余韻を残す一皿を作りたい。毎日、朝から夜遅くまで料理にどっぷり浸かり、白衣がヨレヨレになるまで働いて、貪るように寝ていた生活の中で、そうした料理の本質を知る喜びを見つけられたからこそ、やり通せたと思う。

　それからは、料理のなぜ？　を追求するべく、世界中にフィールドを広げて食べまくり、ときには訪れた国で料理をした。単に味を覚えたり、料理法を知るのではなく、世界中の普段の料理の中に詰まっている、知恵と工夫を知りたかった。自分のキッチンでしか料理を作れない人にならないように。機材に頼らず、どんな環境でも旨い肉が焼けるように。

　食は生きている。イメージをもって料理をすること。考える料理人になろう。それをこれからも伝えていきたい。

和知　徹

目次

はじめに——003

牛肉について

日本の牛肉のこと——008

海外の牛肉のこと——010

　　　　　[ドライエイジングについて思うこと]——013

牛肉の部位のこと——014

基本の火入れと基本料理

1. 牛肉を焼く——018

フライパンでステーキを焼く——019

薄めに切った肉の場合
　　　（US産サーロイン　厚さ2cm）——020

厚く切った肉の場合（1）
　　　（US産サーロイン　厚さ5cm）——024
　　　（あか牛サーロイン　厚さ5cm）——028
　　　（黒毛和牛サーロイン　厚さ5cm）——029

　　　厚切りサーロインステーキ　焼き上がりの比較
　　　——031

厚く切った肉の場合（2）
　　　（US産ヒレ　厚さ5cm）——032
　　　（あか牛ヒレ　厚さ5cm）——035
　　　（黒毛和牛ヒレ　厚さ5cm）——035

　　　ヒレステーキ　焼き上がりの比較——037

牛肉のそうじ——038

炭で焼く——040

Tボーンステーキ——041
バタフライステーキ——045
アサード——048

オーブンで焼く——051

ローストビーフ——052
トマホークのロースト——056

　　　[塩のこと]——059

2. 牛肉を煮る——060

牛ホホ肉の赤ワイン煮——061
リブロースのコンフィ——064

○フォン・ド・ヴォーをとる——066
○フォン・ド・ヴォーを
　グラス・ド・ヴィアンドにする——068
○ビーフフレーバーオイル——069

3. 牛肉を揚げる——070

ビーフカツレツ——071
仔牛のカツレツ・ミラネーゼ——074

○ソースのバリエーション——078
　ベアルネーズソース——078
　赤ワインソース——079
　マデラソース——079
　ルビーポートソース——079
　オレンジソース——080
　醤油ソース——080

　● フレーバーソルト
　　クレオール・スパイス・ソルト——080
　　オレンジ・フレーバー・ソルト——080

　● サルサ
　　トマト、玉ネギ、ピーマンのシンプルサルサ
　　——081
　チミチュリ——081
　キウイのサルサ・ヴェルデ——081

牛肉料理バリエーション

バリエーション1
ステーキの応用——084

　イパネマステーキ——084

バリエーション2
ローストビーフの展開・応用——087

　コールドビーフのサラダ仕立て——087
　フレーバーロースト——088
　パストラミビーフ——090

バリエーション3
ビーフカツレツの展開——094

　ビーフカツレツカレー——094
　ビーフカツレツのサンドウィッチ——095
　ローズマリー フォカッチャ サンドウィッチ
　　——096
　ビーフのデリカテッセンスタイル——097

バリエーション4
スープ・煮込み——102

　コンソメスープ——102
　ポトフ——104
　ミロトン——106
　ボルシチ——108
　ブランケット・ド・ヴォー——110
　○ソース・エスパニョール——113
　ビーフカレー——114
　スパイスカレー——117
　ハッシュドビーフ——119
　ラグマン——122
　○ラグマンの麺——124
　ラーメン——125
　コーンビーフ——128
　○ビーフフレーバーアイスクリーム——131

バリエーション5
薄切り肉・端肉を使った料理——132

　肉屋の賄いの一皿——132
　ローズマリーのエスプターダ——136
　牛肉のギャレット ポルトソース——138
　ビーフケバブ——140
　ビーフストロガノフ——142
　サルティンボッカ——144
　ビーフトルティージャ——146
　ファヒータ——148
　端肉の網脂包み焼き——150
　ビーフジャーキー——152
　端肉とデュクセルのパイ包み——155
　○フィユタージュ生地——158

バリエーション6
挽き肉料理——160

　ハンバーガー——160
　ミートボールスパゲッティ——163
　メンチカツ——166
　スコッチエッグ——168
　ラザニア——170
　ラヴィオリ——172

　　　　[スパイスのこと]——174

バリエーション7
副生物料理——175

　サガリのステーキ エシャロットソース——175
　リ・ド・ヴォーのポワレ シェリーヴィネガー風味
　　——178
　テールのトマト煮込み——180
　タンシチュー——182
　トリッパのカリカリステーキ——184
　ハツのスモーク——186

●この本の決まりごと

・レシピの分量について、個数や枚数で出せるものは数を表記しているが、その他については作りやすい分量とした。「マルディ グラ」の料理は、数人のお客様でシェアをしていただく皿が多いため、何人分とは決めていないからである。材料表の分量を確認した上で、適宜加減をしてほしい。

・レシピに記載しているさまざまな時間（フライパンや炭火での焼き時間、オーブンや鍋での加熱時間など）や、中火、弱火などの火加減は、各々の環境によっても変わる。あくまで目安とし、状態を見ながら判断をすること。

・本書中でバターと表記しているものは、すべて食塩不使用のものである。

・本書中でオリーブオイルと表記しているものは、すべてエキストラヴァージンオリーブオイルを使用した。

・本書中の多くの料理に使用しているビーフフレーバーオイル（p.069参照）は、すべてオリーブオイルまたは他の植物油に置き換えることができる。

・本書中で小麦粉と表記しているものは、特に薄力粉や中力粉などと書いていない場合は、すべて強力粉を使用した。

・本書中の多くの料理に、店で常備しているグラス・ド・ヴィアンド（p.068参照）を使用した。フォン・ド・ヴォーの用意があるときには、それを煮詰めてから使用してほしい。フォン・ド・ヴォライユなどで代用する場合も煮詰めて使用する。

・本書で使用している牛肉の略称について。
　　US産＝アメリカ産牛肉。おもにチョイスグレードのものを使用している。
　　あか牛＝褐毛和種の和牛肉。褐毛和種には熊本系と土佐系があるが、本書では熊本系（くまもとあか牛）の同じ生産者のものを使用している。
　　黒毛和牛＝黒毛和種の和牛肉。本書ではレシピで特に産地や生産者を明記していない限り、さまざまな地域のものを使用している。

・牛ホホ肉は、正確には「畜産副生物」に分類されるが、料理においては肉と同様に使われることが多いため、本書でも肉として扱った。

撮影：海老原俊之
文：鹿野真砂美
デザイン：岡本洋平（岡本デザイン室）・鈴木壮一
写真提供（p.008〜013）：和知 徹
編集：長澤麻美

牛肉について
Element

日本の牛肉のこと――008

海外の牛肉のこと――010

牛肉の部位のこと――014

日本の牛肉のこと

「マルディ グラ」では、常時ではないが、
国産だけでも8種類前後の牛肉を扱っている。
その多くは、実際に産地へ足を運んで
選び、惚れ込んだもの、信頼する方からの
紹介を通じ、これはと感じたものばかりで、
安定して手に入れることが難しい牛肉もある。

ここでは学術的な話や流通に
関する話ではなく、料理人として30数年、
牛肉を触り、調理してきた経験から、
各地の牛肉に対して自分なりに
感じていること、私が好きで愛用している
牛肉の話をしたいと思う。

尾崎牛のイチボ

地域性も楽しめる黒毛和牛

　北海道から沖縄の離島まで、日本全国で生産され、日本でいちばん消費されている牛肉が黒毛和牛だ。生産者どうしの勉強会や情報交換なども盛んに行なわれているので、牛が食べるもののベースは似ているが、生産者それぞれ、肥育の環境や方法、出荷前に与える穀物飼料などにさまざまな工夫を凝らすことで、全国各地で◯◯牛といったブランド牛が生まれ、個性を競い合っている。

　サシがびっしりと入り、世界一柔らかい牛肉は、焼くと独特の和牛香と呼ばれる甘く濃厚な香りが立ち上る。これが日本では牛肉の香りとして親しまれているが、とろける脂とその質の高さゆえ、料理法によってはトゥーマッチになってしまうことがある。

　主だった地域の牛肉の印象を挙げると、東北の肉は、冬の寒さもあって外側に脂がつきやすく、サシも太い。脂の粘度が高く濃厚で、まるでバターのようだ。タレの焼き肉にするなら東北の肉が合うと思う。西洋料理であれば、エーグルドゥースなソースと合わせたい。

　関西の肉は、サシの味わいと口溶け、しなやかな肉質のバランスがよく、さすが有名ブランド牛をたくさん擁する地域だけあると感じる。育てる水もよいはずだ。長期ではなく、少しだけ熟成させることで肉質が締まり、さらに深みが出ると思う。

　自分が普段、いちばん使用している黒毛和牛は九州のものだ。宮崎で尾崎宗春さんが育てる**「尾崎牛」**を使いはじめて10数年。牧場にも訪問し、仔牛のセリに同行させてもらったりもしている。中でもランプやイチボ、モモといった脂の少ない部位を愛用しているのだが、そうでない部位にしても、暖かい気候だけにサシの質がサラサラとして粘度が低く、脂を軽く感じる。牛肉の味わいには飼料とともに水の質も大きく影響すると考えて

尾崎宗春さんと仔牛のセリに

井信行さんと

山上げ中の短角牛

いるが、その点もバランスがよい。ステーキに限らず、西洋料理全般に合わせやすいのではないだろうか。

　サシが入りやすい遺伝子をもち、与える飼料の影響もあるにせよ、黒毛和牛の肉質には運動量が少なからず関係しているのではないかと思う。世界のさまざまな牛の育て方を見ても、黒毛和牛は総じて、圧倒的に運動量が少ない。だからこそ、大理石のように美しいサシを作ることができるのだろう。外国と比較して土地や牛舎が狭いということ以前に、どんな牛肉に仕上げたいか、という生産者の考え方が、肉質には表れているはずだ。沖縄の離島、石垣島で生産される「**石垣牛**」のように、放牧も行ない適度に運動をさせることで、しなやかな肉質で軽い味わいとなる黒毛和牛もいる。また、最近個人的に注目しているのが、東京から360km近く離れた青ヶ島で生産される黒毛和牛、「**東京ビーフ**」だ。人口200人に満たない小さな島のワイルドな環境で放牧され、相当な運動量があるので、引き締まった肉質と控えめなサシでさらりとした味わいになる。

　もちろん、サシや柔らかさだけで語るものではなく、たとえば経産牛など、肉質は多少固くなるが成熟して旨味の強い肉もある。単に黒毛和牛というひとくくりではなく、育て方に注目することで、自分が使いたい牛肉が自ずと見えてくるはずだ。

肉焼き欲求をそそられる、井さんのあか牛

　黒毛和牛（黒毛和種）が圧倒的に市場のシェアを占める中、飼育頭数はわずかだが、「**土佐あか牛**」、「**くまもとあか牛**」など褐色の毛色をした和牛（褐毛和種）も人気が高い。数年前に現地を訪れて以来、惚れ込んでいるのが、熊本県阿蘇の畜産家、井信行さんが育てる、あか牛だ。阿蘇の豊かな自然に放牧され、草を中心に大豆やフスマ、おからなどを与えられて育ったあか牛の肉は、ひじょうに筋肉質で締まりがある。等級的にはA2くらいなので、サシはほとんど入らず赤身。脂のコクはほどほどだが、しなやかな肉質に旨味をたっぷりとたたえ、何より、水の清らかさが肉質に表れている。スジが固くなくコリコリしていて、スネ肉もステーキにできる。いま、私が「この肉を焼きたい」という欲求をそそられる肉のひとつだ。

短角牛のへこたれない強さ

　同じ褐色の毛をもつ和牛としては、短角牛（日本短角種）も忘れてはならない。本書で紹介した料理には使用しなかったが、「マルディ グラ」ではオープン当初から岩手県産の1kg超えのリブロースをビステッカにして提供。シグネチャーディッシュとしても欠かせない存在になっている。短角牛のいちばんの特徴は、初夏～初秋の数ヵ月を山の高地に放牧させる「**山上げ**」だ。寒い時季は山から下ろして牛舎に入れるが、生産者によってはその間も広い土地を確保して放す場合もある。もともと農耕用の牛なので、ちょっとやそっとではへこたれない強さをもつ牛。赤身のしなやかさと旨味、脂のコクのバランスがよく、ステーキ、煮込み、加工まで、西洋料理に向くと思う。とても好きな牛肉だ。

海外の牛肉のこと

ヨーロッパ各国とアメリカ、南米、
オーストラリアや中央アジアなど、
日本を遠く離れた土地でも、牛を見て、
牛肉を食べ、実際に料理を作ってきた。
そこで感じたことを少しだが話したいと思う。

世界中で親しまれるアンガス牛

　北米、南米、オセアニアなど、世界の広範囲で育てられている代表的な肉牛が、スコットランドのアバディーン・アンガス種を起源とするアンガス牛。だが、一口にアンガス牛といっても、育てられる環境や食べさせる飼料で、仕上がりの肉質はずいぶんと変わる。

　アメリカやアルゼンチン、オーストラリアなどで実際に畜産の現場を見てきたが、いずれも広大な土地での放牧が基本。アメリカンビーフは1歳までの仔牛のうちは牧草を食べ、その後はコーンを主体にした栄養価の高い穀物飼料（濃厚飼料）を与えることで、引き締まった筋肉もありながら少しのサシと脂をもった、柔らかくバランスのよい肉質になる。等級付けもされており、日本のレストランで食べられるものは主に、プライムとチョイスの上位2ランク。旨味を凝縮したコンソメのような、エキス分を感じる味わいは、まさにステーキ向きだ。熟成にも向いており、ニューヨークの人気ステーキハウスなら、どこも店ごとに熟成庫をもち、頃合いの肉を焼いて食べさせてくれる。

　一方、2歳程度のフレッシュで柔らかな若牛を食べるのが、アルゼンチンだ。熟成を好まず、鮮度のよい肉がおいしいという考え方が根強い。パンパという、とてつもなく広い草原地帯で放牧され、牧草メインで育つが、生産者によっては、仕上げにわずかだが飼料を与えるところもある。牛肉が主食といわれる国だけあり、脂が強くなく、固くもなく、ステーキやアサードで毎日飽きずに食べられるシンプルな味がアルゼンチンの牛肉の身上。若く瑞々しい牛肉を、熾火でじっくりとウェルダンに焼くことで水分が抜け、肉本来のコアな味わいが引き出される。サッと焼いてレアで食べることとは対局にある"よく焼き"の世界に、私もすっかり魅せられてしまった。

ニューヨークで

アルゼンチン、広大なパンパでの放牧

アルゼンチンの牛

アルゼンチンで

じっくりとウェルダンに焼き上げるアサード

　同じく南半球にあり、アルゼンチンの牛肉同様にサラッとした味わいだが、独自の研究やテクニックを取り入れながら、個性を出しているのが、オーストラリアの牛肉だ。オージービーフもまた放牧され、牧草で育つが、仕上げに穀物飼料は与えず、完全にグラスフェッド。その牧草の研究が進んでいて、消化がよく栄養価がひじょうに高いものが与えられている。現地のトップランクの生産者は、牧草だけでサシを入れることもできると話していた。また、オーストラリアやタスマニアでは、アンガス牛のほかに、日本の黒毛和牛の遺伝子をもつWAGYUも飼育しているが、こちらは牧草をメインに穀物を一部ブレンドしている。赤身とサシが溶け合う黒毛和牛の肉質とは違い、まず赤身の味がぐっと前に出て、後からサシのコクが追いかけてくるような味わいだった。

**赤身をしっかり味わう、
中央アジアとヨーロッパ**

　ウズベキスタンやキルギスなど、中央アジアの地域は羊肉をよく食べることが知られているが、牛も育てられている。乳牛が多いが家畜として牛も飼われており、グラスフェッドで、よい水を飲んで育つ牛は、引き締まった小さな軀体で肉は脂が混じらず血のような赤色。固いが、煮込み料理にして食べると素朴でとても味わい深いものだった。
　ヨーロッパの牛肉もまた、赤身をギュッと嚙みしめるおいしさがあると思う。フランス料理に携わっていれば、フランス最古の牛といわれるシャロレー牛や、リムーザン牛などはおなじみだ。交配も盛んで、ヨーロッパ各地で品種も複雑化しているため、なかなかすべては網羅できないが、これまで産地を訪ね、食べてきた経験では、総じてサシは入らず筋肉質で固い印象。だからこそ、熟成させる

ことで柔らかくし、旨味を高めて食べるという方法に行きついたのだろう。熟成させ、柔らかくなったが水分が抜けている肉に火を入れすぎてしまったら、また固くなるので、焼き加減もブルー(超レア)が一般的だ。

　そうした中で、イタリア中部で古くから育てられているキアニーナ牛のように、若い月齢で肉にして、瑞々しさと柔らかさを楽しむ牛もいる。名物のビステッカ・アッラ・フィオレンティーナは、伝統的に焼く前の塩をしない。生産者を訪問したが、塩をして脱水させると、味も抜けてしまうと考えているようだった。若く水分の多い肉だけに、少し脱水させたほうがより味が凝縮するだろうと、自宅の暖炉を借り、先塩をした肉でビステッカを焼いて食べてもらったが、目を丸くして、なるほどと、受け入れてもらえたのも嬉しい経験だった。しかし伝統は伝統として、これからも変わらずにいくのだろう。そうやって牛を育て、肉にして、おいしく食べるという日々の営みを後の時代に繋いでいくのだ。

フランスのリムーザン牛の仔牛

ユーゴ・デノワイエ氏に熟成庫を見せてもらった

イタリア・トスカーナのキアニーナ牛

キアニーナ牛の生産者宅の暖炉で、ビステッカを焼く

ドライエイジングについて思うこと

　パリやニューヨークのレストランで旨い熟成肉を食べたり、現地で調理をする機会は、これまで何度となくあった。

　熟成させることで、脂っけがなく固く締まった赤身肉を柔らかくし、旨味成分を増やして複雑な風味を引き出す。これがフランスの牛肉の食べ方だ。さらには、そうした赤身肉をおいしく食べるために、中世の頃からだしや酒を使ったソースが発展してきた。

　すごいと思ったのはニューヨークで、熟成肉を扱う、食べることへの成熟度がずば抜けていた。ステーキが人気のレストランに行けば、温度や湿度を何段階かに分けて管理した熟成庫があり、スーパーマーケットでも当たり前に熟成肉が売られている。

　一方、素材や料理のフレッシュ感をより前面に出す西海岸では、熟成に関してはあまり熱心でない印象だ。そのどちらでもないのがアメリカ南部で、熟成させていない肉をじっくりスモークするなどして、フレーバーをつける。

　同じアメリカでも、エリアによって別の国のように食べ方が変わるのだ。熟成で肉の旨味をより引き出すことも、フレッシュ感を楽しむことも、強いフレーバーと肉の味わいを拮抗させることも、アンガス牛のポテンシャルの高さがあればこそだが、どの食べ方も素晴らしく、熟成がマスト、という考え方はそこにはない。

　「マルディ グラ」では、普段からドライエイジングを施した牛肉を扱っていない。前菜とメインを合わせたメニューの半分以上が肉料理。牛肉、豚肉、鶏肉、羊肉と、さまざまな土地、生産者の肉を調理し、その個性を活かしながら自分らしい皿を表現する上で、特に熟成肉は必要としていないからだ。よって、本書でも使用していない。

　アンガス牛やヨーロッパの牛と同じように、和牛の中にも、知識と経験をもったプロが、個々の肉質を見極めた上で熟成を施し、眠っていた味わいを開かせている肉はあるが、誰もがそれを味わえるわけではない。また特に、黒毛和牛のサシの多い肉に関しては、長期の熟成をかけると熟成香に支配され、せっかくの和牛香が感じられなくなってしまう印象がある。

　調理をするときも、すっぴんの肉の性質をみてどう焼くのか考えることと、熟成し水分が抜けた肉をどう焼こうか考えるのとでは、当たり前だがアプローチがまったく違ってくる。

　肉の味をみるときに、私が注目することのひとつに、水がある。日本は水の国だ。どんな水で育ってきたのかは、与える飼料と同様に、仕上がった肉の味わいや状態を確かめる上で大切なポイントだと考えているが、熟成後の肉では、それが自分で判断できなくなる。育てられた環境を目の前の肉から感じ取り、考えた上で、あくまで塩と加熱により水分をコントロールしながら調理をしたい。そのプロセスこそが、私が何より好きな仕事であり、料理人として厨房に立つ矜持もそこにある。

ニューヨークの精肉店で

牛肉の部位のこと

牛肉の部位は細かく分かれ、
部位ごとにさまざまな食感や味わいがあるが、
ここでは本書で使用した部位のうち、
主だったものを解説する。

ヒレ

牛肉の中でいちばん柔らかく、上品な味わいを楽しめる部位。よく動かす筋肉質な部分に囲まれ、運動しなくてよい部位だからこそその柔らかさだ。熱が加わると繊維がゆるみ、ほぐれやすくなるので、焼く際にもより優しく丁寧に扱う。黒毛和牛でも脂が強くなく、さっぱりと食べられるので、合わせるソースにバリエーションをもたせ、遊ぶこともできる。ビフカツにも最適。また、ヨーロッパで親しまれる仔牛のヒレは、肉そのものをしっかり味わうというよりは、ミルキーな香りを楽しむ肉だ。サルティンボッカやミラネーゼ風のカツレツなど、薄くたたいてたっぷりのバターで香ばしさを出す、贅沢な料理に向いている。

US産ヒレ

フランス産仔牛ヒレ

サーロイン（ロース）

繊維が緻密で引き締まり、適度な食感と風味のバランスがよい。ヒレと同様に、火を入れやすい部位なので、厚切りのステーキやローストビーフにすると、そのジューシーなおいしさが楽しめる。脂身側に少しスジがあるが、そうじすれば問題はない。

US産サーロイン

リブロース

サーロインと肩ロースの間に位置し、スジを境にして芯と外側にパートが分かれる。サーロインより筋肉質になるが芯は柔らかく、火を入れると外側に少し噛み応えが出ることで、食感にバリエーションが出るのが特徴。薄切りにするとパートごとに肉がばらけやすくなる。香りや食感が豊かで味もワイルド。よりダイナミックなステーキやローストビーフを作るなら、こちらが適している。判も大きいのでシェアするステーキに。「マルディ グラ」で人気の短角牛のビステッカもこの部位だ。

短角牛リブロース

肩ロース

リブロースとつながる大きな部位で、背中から肩にかけてのよく動くところ。肉は筋肉質でスジも固くなり、リブロースよりさらにパートが分かれるので、繊維の方向も入り組んでいる。黒毛和牛なら柔らかいのでローストビーフにしたり、あか牛やアメリカンビーフ ならパートに分けてステーキが楽しめる。歯応えがあるが味が濃いので、モモ肉と混ぜてハンバーグにしても旨い。スパイスを合わせてパストラミビーフを作ると濃厚な仕上がりになる。

US産ブラックアンガス牛肩ロース

イチボ

牛の尻部分にあたるランプの後方(尻の先部分)にある肉。運動量の多い部位だが、スジもなくきめ細やかで引き締まった肉は、サーロインと同様の調理ができる。味もしっかりと濃く、嚙みちぎる食感もよい。ステーキのためにひとつだけ部位を選んでといわれれば、自分はイチボを選ぶだろう。

尾崎牛イチボ

ブリスケット

牛の前足の付け根あたりにある部位で、肩バラ肉とも呼ばれる。脂と肉の層がはっきりと分かれており、スジもあって固いのだが、とても旨味が強く、風味のよい肉。塊のまま下味をつけ、低温で時間をかけて焼き上げる、アメリカ南部のバーベキューには欠かせないが、じっくりと柔らかく煮込んでもおいしい。西洋料理はもちろん、和食の煮込みにも。

US産ブリスケット

基本の火入れと基本料理
Fundamental

1. 牛肉を焼く──018
2. 牛肉を煮る──060
3. 牛肉を揚げる──070

1. 牛肉を焼く

どんなふうに肉を焼くか。その方法や考え方は料理人によってもいろいろあるだろう。この本では、フライパン、炭火、ガスオーブンという、ごく基本的な3つの熱源を使った火入れを解説する。「マルディ グラ」で肉を焼くときの熱源も、この3つだ。肉を焼くときに、私がいちばんに意識することのひとつに"色"がある。それは単に、メイラード反応による焼き色のことだけではない。炎の色、徐々に変化していく肉の色合い、脂やジュが爆ぜる音色、焼き上げた肉から立ち上る色気。これらは、温度設定をして均一に火を入れるだけでは感じることができない。こうしたさまざまな色が織りなす世界で、自分は料理をしたいと思っている。

フライパンで
ステーキを焼く

フライパンで最初から最後まで火入れをすることのよさは、いろいろとある。最大のメリットは、肉からにじみ出る脂や香りを肉自体にまとわせながら、肉本来の味をストレートに味わえる肉が焼けること。そして、その焼き方を料理人がデザインできることだ。たとえばサーロインなら、脂の焼き方、水分の抜き加減、焼き切ることで脂と肉のコントラストをどうつけるか。肉の表面から内部への火の入り方やグラデーションをどうつけるかといった操作を、火加減の調節や音、香りなど、テクニックと五感を総動員して表現することができる。ここでは焼く際にかかった時間も記したが、当然、使う肉の状態によっても変わるので、あくまで目安として参考にしてほしい。一見、難しそうではあるが、目の前で状態や変化を確認しながら焼くことほど、わかりやすいものはない。だからこそ、肉焼きの初心者には、まずはフライパンで上手に肉を焼けるようになってほしいのだ。

薄めに切った肉の場合
US産サーロイン 厚さ2cm

レストランで提供するステーキであれば、薄めとはいえ2cmの厚みはほしい。US産のサーロインは、繊維が細かくギュッと詰まった肉質からくる赤身らしい食べ応えと、適度な柔らかさもあり、コンパクトにジューシーな味わいが楽しめる。室温に戻した状態から調理するが、薄い肉はすぐに戻るので、厨房のできるだけ涼しい場所で準備したい。塩、コショウをした後は、肉の断面を見ながら、塩が浸透して肉が締まり、繊維や細かなスジにわずかな立体感が出てくる状態を確認する。肉が薄いと焼くときに反り返りやすくなるが、弱めの火加減で1面ずつ丁寧に火を入れていけば問題ない。仕上げにはノワゼットしたバターをサッとまとわせ、脂と肉、バターの異なる香りを交錯させる。音や香りを意識し、熱の動きをイメージすることで、薄切りのステーキにも、ただ焼くだけではないニュアンスをつけることができる。

材料

牛サーロイン(US産)……1枚(330g)

塩……2.9g(肉の重量の0.9%)

コショウ……適量

バター……10g

オリーブオイル……大さじ1

1 牛肉は室温に戻し、両面にまんべんなく塩をする。ちょうどよい量の塩を計っているので、バットに落ちた塩も残さないようにする。

2 コショウを両面に振る。脂身は焼くと温度が高くなるので、赤身の部分を中心に。コショウは肉の下味の下支えとして、刺激よりも香りに奥行きをもたせるために使う。強火で焼かないので焦げる心配はない。

3 数分おくと肉が締まり、肉の断面が凸凹として繊維の束が見えてくる。立体感が出て、焼いた後にどう切れば食べやすいかの判断もしやすくなる。

4 フライパンにオリーブオイルを入れて火にかける。香りが立ってきたら肉をトングで持ち、脂身を下にして入れる。自立する厚さはないのでトングで支えたまま弱火でジワジワと火を入れる。最初は脂身のついていない端の部分を焼かないよう折り曲げて支える。

5 脂身が固まってきたら肉を広げて持ち、いい焼き色がついたら断面を下にして倒す。ここまでで3分ほど。

→

6 中火にしてフライパンの温度を上げ、動かさずに2分ほど焼いた状態。いい焼き色がついている。

7 肉をいったん取り出し、フライパンに残った脂を捨てる。

8 フライパンを再度中火にかける。フライパンは十分に温まっていて、すぐに煙が上がってくるので、バターを入れる。

9 バターを入れたらすぐ、肉をまだ焼いていない面を下にして戻し入れる。

10 そのまま動かさずに1分ほど焼く。

11 ノワゼットしたバターをまとわせるように、仕上げに一度だけアロゼする。

12 肉を取り出し、金串で火通りを確認。これ以上火が入らないよう、温かいがあまり熱すぎない場所で6分ほどやすませる。

13 短時間でサッと焼き上げるので、フライパンはまったく焦げついていない。

焼き上がり

赤みはあっても生ではない。熱い肉汁が全体にしっかりと回った状態に焼き上がった。

厚く切った肉の場合（1）
US産サーロイン 厚さ5cm

ステーキの醍醐味を存分に味わいたいのなら、このサイズだろう。US産はまさにキング・オブ・サーロイン。脂の質感に肉の食感、風味ともに、多くの人がイメージするステーキの姿を表現していると思う。分厚いと焼くのが難しそうなイメージがあるが、むしろゆったりと焦らずに焼けるので、作業が立て込む営業中の厨房では、他の仕事にも目を向けることができる。5cm前後の厚みがあれば、肉を立たせても自立し、断面を焼くときも肉自体の重みでフライパンと密着するため、ムラのないきれいな焼き色をつけられる。意識したいのが、繊維の目。肉の温度が上がるにつれ、この繊維がゆるんできて中心部へと熱を伝えていくのだが、US産は筋肉質で細かく詰まっているため、弱火で時間をかけながら、優しく火を入れるのがポイントだ。

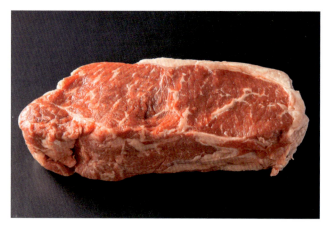

材料

牛サーロイン(US産)……1枚(690g)
塩……6.9%(肉の重量の1%)
コショウ……適量
バター……15g
オリーブオイル……大さじ2

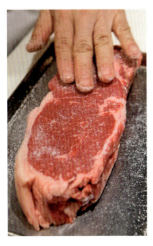

1 牛肉は室温に戻し、まんべんなく塩をする。バットに落ちた塩も残さずにつける。

2 厚みのある肉なので、両面だけでなく側面にも塩を忘れずに。

3 コショウを振る。脂は焼くと温度が高くなり焦げやすいので、脂身の部分には振らないように。

4 30分ほどおいて塩をなじませると、短い時間でも肉が締まり、繊維の方向などがよく見えてくる。

5 フライパンにオリーブオイルを入れて中火にかけ、香りが立ってきたら、肉を脂身を下にして入れる。いったんフライパンの温度が下がった後、また上がってうっすらと煙が上がるタイミングで弱火にする。

6 まずは脂身だけをじっくりと焼き切りたいので、脂身がついていない端の部分がフライパンに直接当たらないよう、フルシェットなどを間に挟み、フライパンの壁にもたれさせるようにする。

7 フライパンに接している脂の面が、静かにジュクジュクというくらいの火加減で、しばらく焼く。オイルと牛肉、コショウの香りが立ち上ってくる。

8 5分ほど焼き、肉の断面の色が底から1/3近くの高さまで白く変わったタイミングで肉を倒す。またフライパンの温度が下がるので火を少し強め、温度が上がったら弱火に。ジュクジュクする火加減をキープしながら5分ほど焼く。

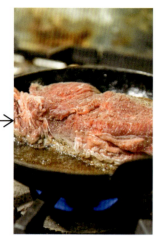   

9 焼いていないほうの側面が、8と同じように1/3くらいの高さまで白くなるのを目安に焼く。

10 次にその側面を下にして肉を立てて焼く。フライパンの壁にもたれさせ、自立が難しければフルシェットを挟んでバランスをとる。

11 側面もじっくりと5分ほど焼いたら肉を倒し、最後の面を下にする。

12 ここでバターを入れる。火加減は弱火のままでよい。肉を指で押してみると、まだブヨブヨとした感触。

13 金串を刺して確認すると、まだ中は30℃程度だが、内部で肉汁は回りはじめている。

14 ジュクジュクと沸く状態のバターでアロゼをしながら、5分ほど焼く。肉は膨らみ、繊維の幅もわかりやすく浮かび上がっている。

15 金串を刺して確認すると、先ほどより少し温度が上がっている。ここで八分くらいの火通りなので取り出す。

16 温かい場所で、焼き時間と同じ20分を目安にやすませる。提供前に軽くオーブンに入れ、表面を温めなおすとよい。

17 焼き油も焦げていない。油を捨てて酒などを入れて煮詰めれば、グレーヴィーソースも作れる。

焼き上がり

ゆるやかなグラデーションになっていて、全体にしっかりと肉汁が回っているのがわかる。

あか牛サーロイン 厚さ5cm

サシも適度に入って柔らかいが、よく運動もするのでしなやかな筋肉もついている。繊維の詰まり方など、いろいろな面でUS産と黒毛和牛の中間的な肉質といえる。焼き方はUS産とほぼ変わらないが、脂が少し多い分、オイルは控えめにした。繊維の密度もUS産よりゆるやかなので、隙間から熱が伝わりやすく、アロゼの効果も大きい。よって、火加減もUS産よりやや強めにし、焼き時間も短くした。

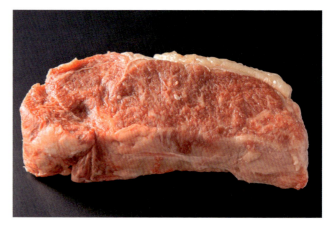

材料

牛サーロイン(あか牛)……1枚(700g)
塩……7g(肉の重量の1%)
コショウ……適量
バター……15g
オリーブオイル……大さじ1

1 牛肉は室温に戻してからまんべんなく塩をし、脂身を避けてコショウを振り、30分ほどおいてなじませる。

2 フライパンにオリーブオイルを入れて火にかけ、香りが立ってきたら、肉を脂身を下にして立てて入れる。黒毛和牛ほどではないがサシがあるので、オイルは少なめにし、脂身をしっかりと焼き切る。火加減は中火と弱火の中間くらいを最後までキープ。

3 5分ほどして脂身がしっかりと焼けたら肉を倒し、動かさずに3分ほど焼いてから、もう一方の側面を下にして立て、3分ほど焼く。

4 最後の面を下にして倒し、バターを入れる。アロゼしながら3分ほど焼いて火を入れる。US産ほど繊維が詰まっていないので、その隙間からアロゼの熱が伝わりやすい。

5 肉を取り出し、温かい場所で、焼き時間と同じくらいの時間やすませる。

黒毛和牛サーロイン 厚さ5cm

びっしりとサシが入り、とろけるように柔らかい肉質で、他の2品種とはまた別の独特な味わいと食感、香りをもつ。焼きはじめにはオイルは入れず、肉の脂をしっかりと出す。繊維の密度も3品種の中でいちばんゆるやかなため、焼いている間にも繊維がほぐれて身が割れたようになってくることがある。終始中火の火加減で、和牛香を活かすため少なめのバターでアロゼし、数分でサッと焼き上げたい。

材料

牛サーロイン（黒毛和牛）……1枚（690g）
塩……7.5g（肉の重量の1.1％）
コショウ……適量
バター……10g

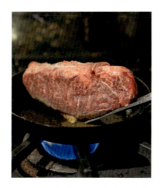

1 牛肉は室温に戻してからまんべんなく塩をし、脂身を避けてコショウを振り、30分ほどおいてなじませる。肉の脂がゆるんでくると、黒毛和牛のほうがあか牛より、さらに繊維の密度が粗いことがわかる。

2 フライパンを中火にかけて十分に熱し（肉の脂があるのでオイルは入れなくてよい）、肉を脂身を下にして立てて入れる。火加減はそのままで3分ほど焼く。肉から脂がたっぷりと出てくる。

3 脂身がしっかりと焼けたら肉を倒し、動かさずに2分ほど焼いてから、もう一方の側面を下にして立て、1分ほど焼く。

4 最後の面を下にして倒し、バターを入れる。強火にしてアロゼしながら2分ほど焼く。熱が入ると繊維が大きく割れるので、短時間で火が入る。

5 肉を取り出し、温かい場所で、焼き時間と同じくらいの時間やすませる。

サーロインステーキ

ジューシーに焼き上げたUS産のサーロインステーキに、ハーブが香るトスカーナ・フライドポテトを添えて、ビストロの定番ステック・フリッツをダイナミックに。

Sirloin steak

厚切りサーロインステーキ
焼き上がりの比較

US産

焼き上がりは牛肉らしさをストレートに表すような、コンソメの香りが立つ。穀物飼料由来の甘いニュアンスもあり、歯切れがよく、適度にジューシーな味わい。ソースは肉の風味を活かしたシンプルなグレーヴィーが合う。ガルニチュールはクリームスピナッチやベイクドポテトなど、思い切りアメリカ的に。

あか牛

噛みしめると、まず肉の味が先にきて、甘みとコクのある脂の風味が追いかけてくる。育った水を感じさせるような、プリプリとした瑞々しさも魅力。ソースは添えずに肉そのものを味わいたい。野菜と相性のいい肉なので、サラダや野菜のグリル、ハーブを入れたフライドポテトと一緒に。

黒毛和牛

ただ柔らかいだけでなく、とてもしなやかな肉質で、香りの余韻も長い。ソースレスでもおいしいが、隠し味に醬油を使ったものや、マスタードなどの薬味と合わせると、肉の味が活きる。ガルニチュールは、シンプルにクレソンやローストトマトなどが、さっぱりとしてよく合う。

厚く切った肉の場合（2）
US産ヒレ　厚さ5cm

ステーキにおいてはサーロインと人気を二分する部位。脂身がほとんどなく、柔らかでデリケートな肉質だが、ヒレの繊維はロースよりもさらにほどけやすく、熱が加わると断面から簡単に身が割れてしまう。スジでつながったり、膜で覆われたりしない、いわば丸裸の状態で焼くために形崩れしやすいのだ。それを防ぐためにひもでくくったり、ベーコンで巻く焼き方が伝えられてきたが、優しく扱えば形を崩すことなく、フライパンでも上手く焼くことができる。運動量が多く筋肉質なUS産の肉であっても、ヒレはとても柔らかく、繊維がほどけやすい。ここではUS産ならではの焼き方というより、どの品種にも共通するヒレの焼き方として紹介する。

材料

牛ヒレ(US産)……1枚(280g)
塩……2.8g(肉の重量の1％)
白コショウ……適量
バター……20g

1 牛ヒレは室温に戻し、全体にまんべんなく塩をする。バットに落ちた塩も残さず、側面にもまぶす。

2 両面に白コショウを振る。上品な肉なので、白コショウでソフトな優しいイメージをプラス。塩がなじむまで少しおく。

3 フライパンにバターを入れて中火にかけ、肉の断面を下にして入れる。いったんフライパンの温度が下がるので、再び温度が上がるまでそのまま2分ほど焼く。

4 十分に温まったら弱火にし、さらに1分ほど焼く。バターもノワゼットになっている。

5 肉を立てて、側面を順番に焼いていく。ヒレの形状にもよるが、この場合は3面あるので、1面1分くらいを目安に方向を変えながら焼く。もう、フライパンの温度は下がりにくくなっているので、弱火のまま、バターがノワゼットより焦げていかないように注意する。US産は繊維の目が詰まっているが、それでもこの段階ですでに繊維がゆるんで割れはじめる。香ばしさはほしいが、強火にすると肉汁がどんどん流れてきてしまうので、できるだけデリケートに焼くことがポイント。

6 側面をすべて焼いたら、最後の面を下にして倒す。

7 金串で火通りを確認すると、まだ少しぬるい状態。

8 弱火にかけたままアロゼする。もし、バターが沸いていない状態であれば少し火を強め、焦がさないよう、ジュクジュクという状態をキープしながらアロゼし、3分ほど焼く。

9 肉を取り出し、温かい場所で焼いた時間と同じくらいの時間やすませる。

あか牛ヒレ　厚さ5cm

サーロインと同じく、US産と黒毛和牛の中間的な肉質。少しだがサシも入っているので身割れに注意しつつ、弱めの火でじっくり香ばしく焼き上げる。

材料

牛ヒレ(あか牛)……1枚(310g)
塩……3g(肉の重量の1%)
白コショウ……適量
バター……20g

1 焼き方の手順はUS産と同様だが、わずかにサシもあり、繊維もよりほどけやすいので、最初の断面を焼く際は、肉を入れてフライパンが再度温まるまでの中火を1分程度と短くし、その分、弱火での火入れを長くとる。

黒毛和牛ヒレ　厚さ5cm

ヒレといえども、サシがしっかりと入っている。その分、脂がゆるむと身が大きく割れやすいが、熱も通りやすいので、気持ち早めに焼き上げる。

材料

牛ヒレ(黒毛和牛)……1枚(300g)
塩……3.3g(肉の重量の1.1%)
白コショウ……適量
バター……10g

1 焼き方の手順はUS産と同様だが、3品種の中でもいちばん繊維がほどけやすく熱が加わるスピードも速いので、最初の断面を焼く際の時間は、中火と弱火を合わせて2分半程度と少し短めにした。

ヒレステーキ

サーロインとは一転、あっさりとした味わいのUS産ヒレステーキに、ポンムスフレを添えて。赤ワインソース(p.079参照)など濃厚なソースと合わせたい。

Tenderloin steak

ヒレステーキ
焼き上がりの比較

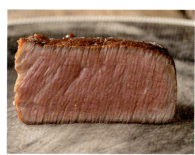

US産
脂がないだけでサーロインとこんなに違うのか？ と思うほど、あっさりとした味わい。柔らかいが、肉の繊維もしっかりと感じられる。ポートワインやマデラ酒など、フランス料理のクラシックで濃厚なソースとも相性がよい。ガルニチュールも、ジャガイモのグラタンなどしっかりしたものを。

あか牛
柔らかいが、適度な締まりもあり、サーロイン同様、噛みしめると澄んだ水のおいしさの中に香ばしさが強調されるような味わい。濃厚なソースよりも、野菜やハーブをたっぷりと使ったチミチュリやサルサのような、ガルニチュールも兼ねるようなさっぱりとしたソースを合わせたい。

黒毛和牛
サシが入り、とろけるような柔らかさでも脂っこさは感じられない。和牛香を活かしたいので、フォンをあまり使わない軽めの赤ワインソースと合わせるといいだろう。鉄板焼き店の締めに出てくるような、ガーリックライスとは抜群の相性。

牛肉のそうじ

US産サーロイン

US産サーロイン
(アメリカでの呼称はストリップロイン)
の塊を例に、ステーキ用に
そうじする工程を紹介する。

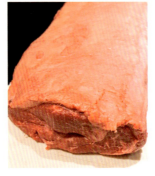

1 US産チョイスグレードのサーロイン。アンガス牛は栄養価の高い飼料を与えるので、厚い脂がのる。ただし黒毛和牛のようなサシは入らない。

2 断面を確認すると、芯と脂身の境界線の中央あたりに、スジの境目がある。

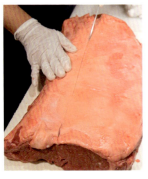

3 その境目から、脂身に一直線に、ナイフを入れる。

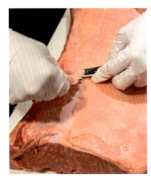

4 判が小さい肋骨側の脂を少しずつはがすようにして切り取っていく。他の牛の場合も同様だが、あか牛や黒毛和牛はさらに脂の融点が低いので、手早く作業する。

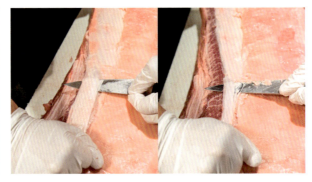

5 厚くて固いスジの部分も少しずつはがしていく。

6 目立つスジはきれいに取り除くが、肉を一緒に削らないよう注意する。

7 反対側の脂身は、分厚いところの表面を削って調整する程度にする。

8 必要な厚さにカットする。

あか牛ヒレ

熊本産あか牛のヒレを例に、そうじの工程を紹介する。

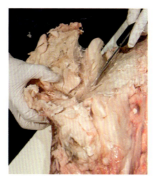

1 脂とカブリがついている状態。他の産地や業者によっては目立つ脂やカブリの薄い部分は、すでに取られた状態で届く場合もある。

2 まず表面の厚い脂を切り離す。これは手ではがすこともできる。脂がついていることで、ある程度酸化を防いでいるので、全部きれいにむいてしまうと保存性が低くなってしまう。使う量が少ないのであれば、一度にそうじしすぎないほうがいい。

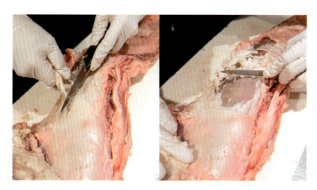
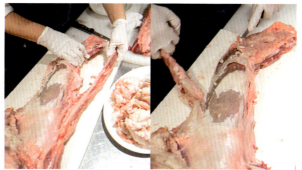

3 目立つスジがあれば切り取り、肉の表面の薄い脂の膜のみ残すようにして、必要な部分を中心に丁寧に包丁でこそいでいく。

4 肉の両脇についているカブリを手で引き離す。頭の太いところにもカブリがつき、3分割されるので取る。このカブリも柔らかくおいしいので、料理に使える。

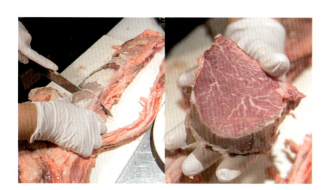

5 必要な厚さにカットする。真ん中のいちばん芯の柔らかいところがシャトーブリアン。

炭で焼く

肉を焼くための熱源として、私がいちばん適していると思うのは、暖炉の熾火だ。海外でも、暖炉で肉を焼く店があると聞けば、パリにボルドー、サルデーニャにマデイラ、サンフランシスコと足を延ばしてきた。「マルディ グラ」でも暖炉と同じ薪火と、炭火を併用した時期があったが、イメージする焼き方は炭火でも可能と考え、今は炭火に絞っている。炭火で肉を焼くというと、焼いた肉に燻香のような香りがつくことばかりに目がいきがちなのだが、たとえば焼き鳥のように、表面はカリッと、中はふっくらと仕上がるのは、焼く際の温度のなせる技だ。ガス火の平均温度は約1000℃になるのに対して、炭火の平均は800℃、薪火は600℃。薪火ほどではないが、熱のあたりが柔らかいため、急激な加熱で肉を驚ろかせ、縮めてしまうことがない。さらに炭床から離すことで、暖炉で焼くような優しい火入れが可能となる。ここではダイナミックなTボーンステーキのほか、アルゼンチンスタイルのバタフライステーキとアサードを紹介する。

Tボーンステーキ
T-bone Steak

T-bone steak

使用した牛肉

アイルランド産のTボーンが手に入ったので使用した。おそらく肥育期間が短いのだろう、ロースもヒレも判はそれほど大きくなくコンパクトだが、脂もほとんど入らない赤身で、味もしっかりとのっている。

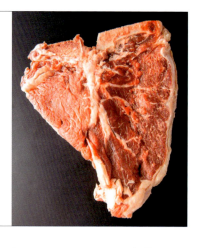

トスカーナで愛される伝統的なビステッカ・アッラ・フィオレンティーナは、先塩をせず焼き上がりに塩を振るのだが、私は他の肉と同様、先に塩をして少しでも肉に浸透させ、脱水をしたほうが、より味が深くなると思う。骨がついた分厚い肉だからこそ、そうしないと味が入っていかないからだ。焼き方は、骨を介して、ロースとヒレという、まったく違う個性の肉がついているという特性を考えながらイメージする。炭床から離したところで、ロースを炭寄りに、ヒレを炭から離すように置き、あたりの柔らかい熱の上でも、さらに火通りに差をつけながら、ゆっくりと火を入れる。こうした火入れの調節ができるのも、炭火ならではだ。

材料

牛Tボーン……1枚(1kg)
塩……12g(肉の重量の1.2%)
コショウ……適量

フレーク塩(マルドン)……適量
ミニョネット……適量

1 Tボーンは室温に戻して塩とコショウを全体に振り、少しおいてなじませる。塩は若干、ロース側を強めにしておく。

2 ロースとヒレの骨ぎわにそれぞれ切り込みを入れる。こうすると火通りが少しよくなるが、下まで突き通す必要はない。また、骨から肉を離してしまわないよう、切り込みは一部のみにする。

3 炭は熾火の状態になっている。焼き台にオイルをなじませ、Tボーンをのせる。炭の真上ではなく少しずらしたところに、ロースを炭寄りに、ヒレを手前にしてのせる。

4 フライパンなどを蓋としてかぶせ、熱を回しながらしばらく焼く。

5 焼き目がしっかりとついているのを確認。

6 格子状に焼き目がつくよう肉の方向を変え、再度蓋をかぶせて焼く。

7 しっかりと焼き目がついた。焼いていない面は、うっすらと白っぽくなってきている。

8 ここでいったん、骨を下にして立てて数分焼き、焼いていない面を下にして倒す。最初に焼いた面と同様、炭の真上を避け、ヒレを手前に。

9 炭に近いロース側はだいぶ火が通ってきて、うっすらと血がにじみ出てきている。

10 指で触れてみると、ロースは弾力が出てきているが、ヒレはまだフニャフニャと柔らかい感触なので、ようすを見ながらもう少し焼く。ヒレはあくまで遠火で焼きたいので、その間にロースに火が通りすぎてしまいそうであれば、ロースの下にアルミホイルを挟むなどして調整する。

11 ロース側の側面を下にして立て、脂身を焼く。両面焼く間にも脂が落ちているのと、焼き切らずに程よく脂を残したいので、サッと焼いて香ばしさを出すだけでよい。ヒレ側は肉が柔らかくつぶれてしまうので立てない。

12 骨ぎわから血がにじんできたら、内部で肉汁が活性化している合図。

13 皿に取り出し、温かい場所でやすませる。焼いた時間と同じ時間はかけられなくても、最低15分はやすませたい。提供前に再度焼き台にのせて温める。

カットの仕方

14 ナイフを逆手に持ち、骨に沿って肉を切り外す。焼く前に切り込みを入れているところからナイフを入れると作業しやすい。

15 切り離したところ。骨ぎわの肉はかなりレアな状態だ。切り離したロースとヒレは斜めにカットし、骨とともに皿に盛り付けて、フレーク塩とミニョネットを振る。

T-bone steak

Butterfly steak

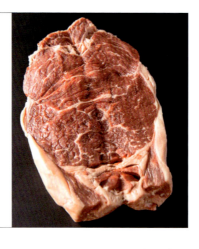

使用した牛肉
分厚く切ったUS産のサーロインを使う。観音開きにすることで、さらに判を大きくして焼くことができる。その際はかならず、脂身の側から切り開き、開いたときに脂身が外側にくるようにすること。

アルゼンチンを旅すると、このバタフライカットのステーキによく遭遇する。分厚い肉を観音開きにしてボリューム感を出し、ウェルダンにじっくり火を入れたステーキを、ひとりで1枚、平らげてしまう。ここではミディアムレアに仕上げたが、熾火の優しい熱で焼き上げた肉は、オーバー気味に火を入れてもパサつくことがない。下味のエルブ・ド・プロヴァンスは本来使わないが、かの地の草原の香りを表現するために使用した。観音開きにした肉は、両側に脂身がつく。立てて焼く必要はないが、脂の焼けぐあいや香りは常に意識したい。焼き上がった肉はやすませたが、焼きたてをすぐに切って食べてもいい。肉汁が流れ出てしまうが、それが旨味たっぷりのソースとなる。

材料
牛サーロイン……1枚(1.1kg)
塩……11g(肉の重量の1%)
コショウ……適量
エルブ・ド・プロヴァンス……適量

粗塩(ゲランド)……適量
ミニョネット……適量
クレソン……適量

1 厚さ約8cmのサーロインを室温に戻し、脂身側から2枚に分けるように包丁を入れ、切り離さないギリギリまで切る。

2 1の肉を観音開きにして平らにならし、室温に戻しておく。

3 肉の全体、観音開きの折り目の隙間まで塩をまんべんなくまぶし、両面にコショウ、エルブ・ド・プロヴァンスを振る。そのまましばらくおいてなじませる。

4 炭は熾火の状態になっている。焼き台にオイルをなじませ、3の肉を、開いた側（包丁を入れた側）を下にし、炭の真上ではなく、少しずらしたところにのせる。

5 遠火で焼きながら、途中、向きを変えて格子状に焼き目をつける。左右の厚みが均一でない場合は、厚みのある側を炭の近くに置くとよい。

6 側面を見て、下から半分くらいが白くなっているタイミングで裏返す。この時点で五分～七分の火通り。

7 先に焼いた面と同様に向きを変えながらしばらく焼き、表面にうっすらと血がにじんできたら焼き上がりの合図。焼き時間はトータルで10分ほど。

8 皿に取り出して金串で火通りを確認し、温かいところでやすませる。提供前に再度炭火で温めてからカットし、皿に盛り付けてクレソンを添える。肉の断面に粗塩とミニョネットを振る。

アサード
Asado

アルゼンチンをはじめとする南米のスペイン語圏では、アサードは日常食。肉をグリルしたもの全般をアサードと呼ぶが、このスペアリブ自体のことも指し、アサードを象徴する部位ともいえる。脂肪の多い部位を熾火でゆっくりと、脂を落としながら火を入れ、ウェルダンに焼き上げるのは炭火の得意技。ウェルダンの魅力は日本ではなかなか伝わりづらく、日頃から残念に思っているのだが、決してパサつかせるのではなく、しっかりと焼き込んだ肉のおいしさがあることを、料理人にはもっと知ってほしいと思う。肉に添えたガウチョソースは、p.081で紹介しているチミチュリを、もっと本場に近い形で作ったもの。

使用した牛肉

東京の離島、青ヶ島で育てられる黒毛和牛、東京ビーフのスペアリブ。いわゆる骨に沿ったカットではなく、骨を断つ方向にカットして使う。

材料(作りやすい分量)

牛スペアリブ(プロセス写真1~3参照)
　……1枚(930g)
塩……10g(肉の重量の1.1%)
コショウ……適量

ガウチョソース
- オレガノの葉(シズレに切る)
　……ひとつかみ
- ドライトマト(水で戻して粗みじん切り)……40g
- ニンニク(みじん切り)
　……1/2片分
- アンチョビ(フィレを粗みじん切り)……2枚分
- パプリカパウダー……少量
- オリーブオイル……200ml

＊すべての材料をよく混ぜる。

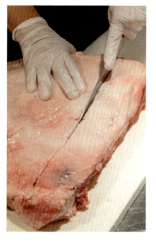

1 スペアリブは塊から骨を断つ方向に切り出す。まずは、5~6cmの厚みで、骨が当たるところまで肉に包丁を入れる。

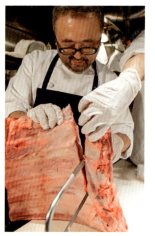

2 骨切りノコを使い、上から1本ずつ骨を切っていく。

3 肉側についている余分な脂身は切り落とす。

4 3で切り出したスペアリブを室温に戻し、全体に塩とコショウをまぶし、少しおいてなじませる。

5 炭は熾火の状態になっている。焼き台にオイルをなじませ、炭の真上ではなく、少しずらしたところにスペアリブをのせる。骨がついている側を炭寄りにするとよい。

6 しばらく焼き、骨の断面からうっすらと血が上ってきたら裏返す。

7 裏面も同様に焼き、骨の断面から血が上ってきたタイミングでいったん皿に取り出す。

8 炭の真上にもう一段高く網を設置し、その上にスペアリブをのせる。強火の遠火で両面を焼き、表面を香ばしくする。

9 網からおろし、再び炭から離したところに置いて焼く。

10 肉の表面に血がにじんできている。ミディアムレアならこのタイミングでよいが、さらに焼いてウェルダンを目指す。

11 いちばん火の弱いところで、血がにじんでこなくなり、表面がカラッとした状態になるまでゆっくりと火を入れる。

12 皿に取り出し、温かい場所でやすませる。骨と骨の間に包丁を入れてカットし、皿に盛り付けてガウチョソースを添える。

Asado

オーブンで焼く

短時間でガリッと焼きたいのか、ゆっくりと火を入れるのか。どう焼きたいかをイメージすれば、自然と使う熱源は絞られる。ガス火や炭火の1000℃、800℃といった温度に比べると、オーブンの温度は圧倒的に低い。直接的な火とは違い、熱気を帯びた庫内で加熱をすることで素材にじんわりと火が入るため、塊肉のローストに向いているといえよう。私はそこへたっぷりの野菜を敷く。熱が肉へ直に干渉せず、さらに優しいタッチに仕上がるよう、イメージを膨らませながら焼いている。コンベクションの機能がない、昔ながらのガスオーブンだが、このマニュアル感なくしてはつまらないのだ。

ローストビーフ
Roasted beef

ずっしりと大きな塊肉をローストするのも、肉料理の醍醐味のひとつだ。このくらいの塊になると、塩が浸透しづらいので、流れ落ちることもふまえて少し多めにする。下に敷いた香味野菜は熱のあたりを柔らかくするほか、野菜が蒸されることで香りの蒸気に包まれ、パサつかずにしっとりと焼き上がる効果がある。じっくりとローストした肉は、コンソメのようなビーフエキスのフレーバーに、飼料由来のコーンの甘みのある香りが引き立つ。素材のコアな風味を味わおう。

使用した牛肉

US産ロースの
2kg超えの塊を使用。
適度に脂がつき、
しっとりと柔らかで味も濃く、
ローストには最適。

材料(作りやすい分量)

牛ロース(塊)……2.2kg
塩……28g(肉の重量の1.3%)
コショウ……適量
玉ネギ(横半分に切る)……4個分
ニンニク(横半分に切る)……1株分
セロリ(軸の部分)……2本分
ローリエ……2枚
タイム(ひもでしばる)……10枝分
オリーブオイル……大さじ4

つけ合わせ

クレソン……適量
トマトのファルシ(p.055参照)
　……適量
ヨークシャープディング(自家製)
　……適量

＊ここでつけ合わせにしたヨークシャープディングは、プレーンなシュー生地を丸型に入れてオーブンで焼いたもの。

1 牛ロースは室温に戻し、全体に塩をまんべんなくまぶす。大きな塊で浸透しづらく、焼く間にも流れてしまうことを考え、塩加減は少し強め。

2 脂身の部分を避けてコショウを振る。脂は温度が上がりやすいので、高温で焼くとコショウが焦げやすくなる。

3 オーブンバットに玉ネギの断面を下にして並べ、ニンニク、セロリ、ローリエを置く。その上に2の肉を置き、タイムをのせる。この状態で1時間ほどおき、肉に塩をなじませる。

4 焼く直前に、オリーブオイルを肉の上から回しかける。

5 230℃のオーブンに入れる。

6 20分経ったところでいったんオーブンから取り出し、金串を刺して火通りをチェックする。肉のまわりは焼き色がついているが、まだ中は生の状態。180℃に温度を下げたオーブンに再び入れる。

7 10分ほど経ったところで火通りをチェックし、さらに10分焼いて取り出す。肉質やオーブンの違いにもよるが、トータルで40分ほどが目安。そのまま温かいところで、焼き時間と同じ時間だけやすませる。

8 適当な厚さにスライスし、つけ合わせとともに盛り付ける。

[ローストビーフ]
つけ合わせ

Roasted beef

トマトのファルシ

材料(作りやすい分量)

トマト……適量
マッシュルーム(みじん切り)……100g
エシャロット(みじん切り)……大さじ1
ニンニク……1/2片
パン・ド・カンパーニュ(みじん切り)
　……30g
イタリアンパセリ(シズレに切る)……適量
グリュイエール・チーズ(すりおろす)
　……適量
バター……15g
塩……適量

1　ファルスを作る。フライパンにバターとニンニクを入れて火にかけ、香りが立ったらエシャロットと塩ひとつまみを入れて炒める。透明感が出たらマッシュルームと塩ひとつまみを入れてスュエする。

2　1がしんなりとしたらパン・ド・カンパーニュとイタリアンパセリを入れて(写真ⓐ)混ぜ合わせ、粗熱をとる。

3　トマトはヘタ側から1/3のところを横に切り、下部の種を取る。

4　3で種を取ったトマトの上に2のファルスとグリュイエール・チーズをのせ(写真ⓑⓒ)、ヘタ側のトマトも一緒に220℃のオーブンで15分焼く。

トマホークの
ロースト

Roasted tomahawk steak

使用した牛肉

骨つきのリブロースで、とても旨味のある部位。斧のような形状からトマホークと呼ばれ、昨今、人気も上昇している。メキシコ産を使用した。

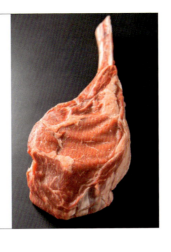

Tボーンのように肉質の違う部位がついている肉をオーブンで均一に火入れするのは難しいが、その点、トマホークは骨つきの塊肉としてもう少し気軽に調理ができる。たっぷりの野菜で熱をやわらげながら火入れするが、途中、オーブンから取り出して火通りの確認や野菜を取り出したりする際は、温度が下がらないよう直火の上で作業を行なう。ここではしていないが、肉のサイズが大きいときなどは火の通りにくい骨ぎわに、あらかじめ隠し包丁を入れておいてもよい。メキシコ産の肉を使ったので、つけ合わせはサルサをイメージし、一緒に焼いた野菜を刻んで添えた。

材料（作りやすい分量）

牛トマホーク……1枚（900g）
塩……9.9g（肉の重量の1.1%）
コショウ……適量

A ┤
- 玉ネギ（半割り）……3個分
- ニンニク（皮つき）……5片
- セロリ（軸の部分）……1本分
- パプリカ（赤、黄。半割りにして種を取る）
  ……合わせて1½個分

タイム（ひもでしばる）……10枝
ローリエ……2枚
バター……30g
オリーブオイル……大さじ5

粗塩（ゲランド）……適量
ミニョネット……適量

1 トマホークは室温に戻して肉全体に塩、コショウを振り、少しおいてなじませる。

2 浅型の銅鍋にオリーブオイルを入れて火にかけ、1のトマホークの脂身側の側面を立ててのせる。脂身を焼きつつ、まわりにAの野菜類を入れて肉を支えるようにし、タイムとローリエをのせ、ところどころにバターをのせる。

3 220℃のオーブンに入れ、ようすを見ながら15分ほど焼く。

4 いったんオーブンから取り出し、温度が下がらないよう直火にかけながら肉を横に倒し、野菜類も上下を返す。肉を倒すと鍋の温度が下がるので、ジュクジュクというまで熱したら、250℃に温度を上げたオーブンに再び入れる。

5 5分ほど焼いたらオーブンから取り出し、直火にかけながら野菜類を取り出す（ニンニクとタイムは残す）。野菜はこの時点で十分に火が通っていて、これ以上焼くと水分が出てきてベチャッとしてしまう。

6 野菜類を取り出した後、鍋の余分な脂や水分をふき取って肉を裏返し、再び250℃のオーブンに入れて5分焼く。骨ぎわと肉の中心にそれぞれ金串を刺して火通りをチェックし、皿に取り出して温かいところで焼き時間と同じ時間だけやすませる。

カットの仕方

7 骨に沿って肉を切り離す。骨ぎわの肉はまだレアの状態。

8 切り離した肉を斜めにカットする。

9 一緒に焼いた野菜類を一口大に切って鍋に戻し、骨と肉を盛り付け、肉の断面に粗塩とミニョネットを振る。

Roasted tomahawk steak

塩のこと

「マルディ グラ」で使っている塩の話をしよう。

塩は主に肉の下味や調理中に使うものと、皿に盛り付けた後の仕上げに使うものとに分けている。

肉の下味や、野菜をスュエするときに使うのは、**伯方の塩**を焼き塩にしたもの。サラサラしているので、肉にまんべんなく振ることができる。本書では、使用した肉の重量に対して、何％の塩をすればいいかを明記した。薄い肉のときは塩も薄めに、厚みのある肉、脂の強い肉のときには多めに。多すぎると後から取り返しがつかないので、あまり攻めた塩加減にはしないように考えながら、焼くのか煮込むのか、料理によって0.1％単位で調整をしている。

塩加減に何か厳密な法則があるかといわれればそうではなく、これまでの経験の中から、おおよそこのくらいだろうと考え、決めたものだ。この割合を決めておくと、店のスタッフが調理するときはもちろん、本を見て料理をする人にとっても、より再現性が高くなり、味を決めやすいという利点があると思う。

仕上げ用の塩は粒の粗いものを使う。ワイルドな肉や、フレンチ然とした料理のときにはフランス産の**ゲランド**。脂の強くない肉や、羊肉にはイギリス産のフレークタイプの**マルドン**。イタリア的なアプローチをした料理や、豚肉料理にはイタリア・シチリア産の**サーレ・ディ・ロッチャ**という岩塩を使っている。これは生ハムの仕込みに使用される塩だ。他にも、鶏肉や野菜など優しい味わいの料理なら、新潟の藻塩と高知の天日塩をブレンドしたものを使うなど、料理のスタイルや味の濃淡に合わせて使い分ける。

料理を皿に盛り付けてから、肉の断面などに振る塩は、当然だが料理には浸透しない。塩味を足す、という意味ももちろんあるが、粗い粒で旨味のある海塩や岩塩を添えることで、カリッとした食感と、そこから広がる塩の複雑な味わいが、肉にもうひと味をプラスしてくれるのだ。

伯方の塩

ゲランド

マルドン

サーレ・ディ・ロッチャ

2.
牛肉を煮る

肉の重さに対する塩の量を決めると、煮込み料理も味が決まりやすくなる。肉に塩をして脱水し、最低限の野菜やハーブ、酒の下支えで、現代風にすっきり仕上げるのが私の煮込み。ここでは定番の赤ワイン煮と、油でゆっくりと煮るコンフィを紹介する。また、本書に頻繁に登場する、フォン・ド・ヴォーから作るグラス・ド・ヴィアンドと、アレンジのビーフフレーバーオイルも参考に。

牛ホホ肉の赤ワイン煮
Braised beef with red wine

赤ワイン煮にも人それぞれ、さまざまなレシピがある。カシスリキュールやハチミツなどの甘みを加えると、どうしても野暮ったくなってしまうので、私はやらない。野菜と肉がもつ自然な甘さと香りを活かし、あまり濃度をつけずにさらりと仕上げるのが、私の考える赤ワイン煮だ。赤ワインは、果実味と濃縮感のある南仏産やチリ産などを使う。

Braised beef with red wine

使用した牛肉

使用したのは和牛のホホ肉。
よく動かす部位だけに味も濃厚、
スジが多いので煮込み料理に向く。
太いスジを境に二層になっているので、
バラけないよう肉の表面の膜は
取らずに煮込む。

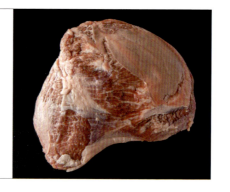

材料(作りやすい分量)

牛ホホ肉(塊)……650g
塩……8g(肉の重量の1.3%)
玉ネギ……2個
A ┌ ニンニク(皮つき)……1片
　├ タイム(ひもでしばる)……3枝
　└ ローリエ……1枚
B ┌ マッシュルーム……8個
　├ 黒粒コショウ……10粒
　└ シナモン(スティック)……1本
赤ワイン……400ml
グラス・ド・ヴィアンド
　(p.068参照)……100g
ビーフフレーバーオイル
　(p.069参照)……大さじ1
バター……15g

つけ合わせ

ジャガイモのピュレに粗挽きのパ
プリカパウダー、パプリカ入りサ
ラミを刻んで加えたもの。

＊玉ネギは半割りにし、バラけないように
　ひもでくくって軽く塩(分量外)をする。
＊ビーフフレーバーオイルがない場合は
　オリーブオイルを使用する。

1 牛ホホ肉はまんべんなく塩をまぶし、冷蔵庫に一晩おく。鍋にビーフフレーバーオイルを入れて熱し、肉を入れる。鍋は大きいものでなく、すべての材料がぴったり収まるサイズが最適。

2 肉を全面しっかりとリソレしたらいったん取り出し、鍋の中の余分な脂をペーパーでふき取る。

3 空いた鍋にバターを入れ、玉ネギを断面を下にして焼き、強めの焼き色をつけて香ばしさを出す。

4 鍋に肉を戻し入れる。

5 赤ワインを注ぎ、軽く沸かしてアルコールをとばす。

6 Aのニンニク、ハーブ類とグラス・ド・ヴィアンドを入れる。

7 続けてBのマッシュルームとスパイス類を入れる。マッシュルームは具材というより味出しとしての役割。再度、煮汁が沸いたら蓋をし、200℃のオーブンで2時間を目安に煮込む。直火で煮てもいいが、オーブンを使うと鍋の全方向からじっくりと加熱される。

8 煮上がりの状態。金串も引っかかりなくスッと入るようになっている。味をみて、塩（分量外）で調える。

9 肉を取り出して適当な大きさに切り、一緒に煮た玉ネギとつけ合わせのジャガイモのピュレをのせた皿に盛り付け、煮汁をかける。

063

Beef confit
リブロースのコンフィ

サシのたっぷり入ったリブロースの塊を、贅沢にもコンフィにした。肉自体の余分な脂は抜けながらもパサつかず、意外にもさっぱりと食べられる。塩蔵した塊肉を調理することは、現代では保存目的よりも旨味を引き出す方法のひとつとしても重要だ。和牛にもそれをあてはめることで、すき焼き、しゃぶしゃぶといった調理から、牛肉の楽しみ方がさらに増えていくのではないかと思う。

材料(作りやすい分量)

牛リブロース(塊)……2kg
塩……34g(肉の重量の1.7%)

A
- 玉ネギ(横に3等分に切る)……1個分
- ニンニク(半割り)……1片分
- タイム……10枝

B
- 玉ネギ……3個
- クローブ……3粒
- ニンニク(皮つき)……1株
- タイム(ひもでしばる)……10枝
- ローリエ……1枚

オリーブオイル……適量(4ℓ目安)

つけ合わせ

白インゲン豆の煮込み(水で一晩戻した白インゲン豆を玉ネギ、ニンニク、ニンジン、塩、水で柔らかくなるまで煮る)……適量
オリーブオイル……適量
パプリカパウダー……適量
イタリアンパセリ(シズレに切る)……少量

＊Bの玉ネギ3個は、丸のまま芯の側に十字の切り込みを入れ、1個に1粒ずつクローブを差し込む。

使用した牛肉

黒毛和牛のリブロースを使用。ステーキやすき焼きなどで楽しむ部位だが、時間をかけて加熱する料理にももちろん向く。

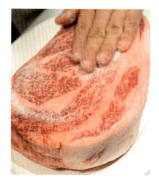

1 牛リブロースの全体に、まんべんなく塩をまぶす。

2 肉の上にAをのせて真空パックし（またはラップにぴっちりと包み）、冷蔵庫で1週間ねかせる。途中、肉から出る水分が気になれば、適宜ふき取り、再度パックする。

3 1週間後の状態。塩がしっかりと浸透し、玉ネギやハーブの風味も肉に移っている。

4 上にのせていた玉ネギやハーブを取り除き、ペーパーで水分をふき取る。

5 鍋に肉を入れ、Bを入れる。

6 オリーブオイルを全体がかぶるくらいまで注いで火にかけ、70℃まで温度を上げる。

7 温度が上がりすぎたら火を止めながら70℃をキープ。途中、肉の上下を返す。

8 約2時間半後の煮上がり。崩れそうなくらいに柔らかくなっている。

9 粗熱がとれたら慎重に取り出し、食べる分を切り出す。残りのコンフィはオイルに浸かった状態で冷蔵保存する。

10 フライパンを火にかけ、オイルはひかずに9で切り出した肉を入れ、カリッと焼き上げる。

11 皿に白インゲン豆の煮込みを盛り、オリーブオイルを回しかけ、パプリカパウダーとイタリアンパセリを振り、焼いたコンフィをのせる。

065

──フォン・ド・ヴォーをとる──
Fond de veau

「マルディ グラ」で使うだしは、フォン・ド・ヴォーをさらに煮詰めたグラス・ド・ヴィアンド。ゼラチン質を補うためにテールや牛スジを加えているため、脂分が少し多くなるのだが、それを漉しすぎてもせっかくのゼラチン質やコクが弱まってしまうのでほどほどに調整している。本来、調理する食材によって多種類のフォンを使い分けるが、店では煮込みやソースを作る際の味の補強として、食材を問わずあらゆる料理に使えて重宝している。本書でも多くの料理にグラス・ド・ヴィアンドを使用した。この濃縮した旨味のエキスを入れることで、ソースもバターモンテに頼ることなく風味を深めることができ、かつ、キレがあって食後感の軽いものにできる。

材料(作りやすい分量)

牛テール(先の細い部分をブツ切り)……300g
牛スジ……2kg
仔牛の骨(ブツ切り)……3kg
A ┌ 玉ネギ(ザク切り)……6個分(1kg)
  │ ニンニク(横半分に切る)……2株分
  │ ニンジン(十字に深く切り込みを入れる)
  │ ……2本(500g)
  │ セロリ(たたいて繊維をつぶす)
  │ ……1/2本(30g)
  └ ポワロー(青い部分のみ)……10cm分
タイム(ひもでしばる)……10枝
ローリエ……1枚
水……10ℓ

1 オーブンバットに牛テール、牛スジ、仔牛の骨を並べ、250℃のオーブンで40分焼く。

2 1が35分経ったところでいったん取り出し、肉を裏返して残り5分を焼く。

3 2の上にAの野菜類をのせ、250℃のオーブンでさらに15分焼いて野菜の香りを引き出す。

4 15分後。野菜の表面が少し焦げ、その下で肉が香りよく蒸し焼きにされている。

5 まだムラがあるので、全体を混ぜてからあと15〜20分焼く。野菜の香りをまとわせながら肉をしっかりと焼き切るのがポイント。この段階で、フォンの完成形がイメージできる。

6 5の肉と骨、野菜をザルにあけて脂をきる。＊この脂は煮込み料理のコク出しとして入れたり、炒め物に使用できる。

7 ザルにあけた中身を寸胴鍋に移して分量の水を注ぎ、タイム、ローリエを入れて強火にかける。

8 空になったオーブンバットに適量の水（分量外）を入れ、直火にかけてデグラッセし、これも鍋に入れる。固く焦げついたところは無理にこそげなくてもよい。

9 沸くとアクが出てくる。すぐには取らず、茶色のアクと白っぽいアクが固まってくるのを待ち、白っぽいアクだけを取る。浮いてきた脂は、ここでは取らなくてよい。

10 弱火にし、ポコポコと静かに沸くくらいの火加減を保ちながら5時間ほど煮る。途中、アクがたまったら取る。

11 5時間後。エキスを出し切ってだいぶ色が深くなり、表面に脂の膜が張っている。アクをすくうようにして、表面に浮いた脂を丁寧にすくう。

12 脂をすくい取ったフォンを、目の細かいザルかシノワで少しずつ丁寧にパッセする。ザルの中の肉や野菜は押したりせず、フォンが自然に落ち切るのを待つ。

13 パッセしたフォンを再度火にかけて沸かし、アクを取る。フォン・ド・ヴォーとしてそのまま使う場合は、この後、キッチンペーパーをぬらして固く絞ったものをかませたザルかシノワで、もう一度パッセする。

──フォン・ド・ヴォーを
グラス・ド・ヴィアンドにする──
Glace de viande

1 フォン・ド・ヴォーの手順13でアクをとった後、静かにフツフツと沸く火加減で2時間ほど火にかけ、半量まで煮詰める。この後、キッチンペーパーをぬらして固く絞ったものをかませたザルかシノワで、パッセする。

ビーフフレーバーオイル
Beef flavor oil

フォン・ド・ヴォーと同じ材料を使い、牛肉の香り油を作ったらどうなるだろう？　と考えたフレーバーオイル。炒め油としてはもちろん、煮込みのコク出しに加えたり、マヨネーズのオイルとして使ったりと、思った以上にいろいろと使えるものになった。フォンをとるときよりもテールの割合を増やしてコンフィとしても食べられるように、また、野菜の量を増やし、細かく刻むことで、より香味がプラスされるようにした。長期の保存にはあまり向かないので、まずはこの半量で作ってもいいだろう。

材料（作りやすい分量）
牛テール（肉がついているところ）
　……1.5kg
牛スジ……1kg
仔牛の骨……1.5kg
A ┌ 玉ネギ（ザク切り）
　│　　……6個分（1kg）
　│ ニンニク（横半分に切る）
　│　　……2株分
　│ ニンジン（厚いイチョウ切り）
　│　　……2本分（500g）
　│ セロリ（たたいて繊維をつぶす）
　│　　……2本分（120g）
　└ ポワロー（青い部分のみ）
　　　……1本分
タイム（ひもでしばる）……10枝
ローリエ……1枚
オリーブオイル……7ℓ

1　p.066〜067のフォン・ド・ヴォーの手順1〜6に従い、左記の材料の肉と骨、野菜をオーブンで焼いて、脂をザルで漉す。

2　ザルにあけた中身を寸胴鍋に移して、オリーブオイルとタイム、ローリエを入れて火にかける。液面がプツップツッと静かに動くくらいの火加減をキープしながら、3時間を目安に煮る。

3　目の細かいザルかシノワで漉す。オイルは瓶などに入れて冷蔵庫か冷凍庫で保存。できるだけ早めに使い切る。

牛テールはコンフィとして

テールは肉がたっぷりとついた部分を使用したので、コンフィとしても食べられる。肉をほぐして脂の部分は刻んで混ぜ込み、塩で味つけをすればコーンビーフ状に。パン・ド・カンパーニュにのせ、コショウとパプリカパウダーを振る。

3.
牛肉を揚げる

素材に衣をつけて調理することのいちばんのポイントは、いかに適切に脱水をしながら、表面の衣を香ばしく仕上げるか、ということだ。天ぷらと考え方は同じであっても、パン粉の衣をきつね色に揚げるという点で大きく異なる。牛肉を揚げるということにおいては、調理の仕方は違っても、基本的な考え方は肉焼きのメソッドと変わらない。肉汁を十分に行き渡らせることをイメージしつつ、肉の状態が目に見えない分、音や気泡、感触を確かめながら、タイミングを計る。ここでは厚切りの牛ヒレをカツレツにしたが、感覚をつかむことで部位や厚みに関係なく、何℃で何分という数字に頼らずとも揚げられるようになるものだ。もうひとつ、薄くたたいた肉をバターで揚げ焼きにする調理法も紹介する。これにはまた別の考え方があり、肉にはしっかり火を入れながら、調理に使う大量のバターを、いかに香りとして衣にまとわせるかがポイントだ。

ビーフカツレツ
Breaded beef cutlet

厚みのあるヒレ肉をカツにする。洋食の花形メニューだが、難しい料理でもある。衣だけが揚がっていて、肉はたたきのようにレアレアな状態のものを見かけることもあるが、そうはせず、ステーキと同様に"焼くように揚げる"のが、フランス料理的なフリットの解釈であり、私の考え方だ。揚げることで脱水をし、衣はサクッとさせつつ、肉の内部では肉汁を活性化させ、全体に回す。衣で覆われ、肉の状態を見て判断することができない分、油の爆ぜる音や気泡の大きさの変化を丁寧に観察する必要がある。また、箸から伝わる衣のテクスチャーの変化も大事。注意深く見ていき、気泡、揚げ色、感触のちょうどよいところが揃うタイミングで、フッと肉が浮いてくる瞬間を逃さずに引き上げる。躍る肉汁を落ち着かせるように、しっかりとやすませたら、二度揚げをして熱い状態で提供を。

Breaded beef cutlet

使用した牛肉

ビーフカツレツにはやはり、柔らかいヒレ肉が最適。使用したのは、アイルランド産。グラスフェッドでさっぱりとしているため、揚げ物にしても軽やかに仕上がり、食べやすい。

材料(作りやすい分量)

牛ヒレ肉……1枚(160g)
塩……1.6g(肉の重量の1%)
コショウ……適量
小麦粉……適量
溶き卵……適量
生パン粉……適量
揚げ油……適量

粒マスタード……適量
ミニョネット……適量

1 ヒレ肉は室温に戻し、側面も含め全体に塩をまぶし、両面にコショウをする。少しおいてなじませる。

2 小麦粉をはたく。たっぷりとつけてから、粉をよく落とすとまんべんなく薄づきになる。

3 よく溶いた卵にくぐらせる。

4 たっぷりの生パン粉をかぶせるようにしてつける。

5 ヒレ肉は温度が上がって脂がゆるむと繊維が割れやすい。力でパン粉を押しつけずに、軽く押さえる程度にして肉をつぶさないようにする。

6 たっぷりの揚げ油を170℃に熱し、5を入れる。

7 油の温度が下がるので火力を上げ、しばらくそのまま揚げる。

8 衣が固まり、軽く色づきはじめたら裏返す。

9 全体に薄く色がついてきたら菜箸で油を一方向に回し、肉を回転させるようにする。こうすることで全方向からゆっくりと火が入る。ときどき上下を返す。

10 肉が温まってくると、はじめは大きかった気泡が小さくなり、油が爆ぜる音も少し高く激しくなってくる。衣がしっかりとクリスピーに固まったら引き上げる。

11 金串を刺すと、ステーキほどではないが、じんわりと肉汁がにじむ状態。揚げた時間と同じくらいの時間やすませ、肉の内部で回っている肉汁を落ち着かせる。

12 再び180～200℃の高温の油に入れて二度揚げし、衣を熱くする。

13 3～4秒ですぐに引き上げ、油をきったら皿に盛り、粒マスタードとミニョネットを添える。

073

仔牛のカツレツ・ミラネーゼ
Veal cutlet Milanese style

使用した牛肉

使用したのは、
北海道産の仔牛のヒレ肉。
ヨーロッパ産と比較すると、
仔牛ならではのミルキーな風味が
やや物足りなく感じるが、
バターたっぷりの揚げ焼きには
使いやすい。

薄くたたいた肉にパン粉をつけて揚げる料理にはシュニッツェルがあるが、これにはチーズを使うので、多少、私のアレンジも入るがミラネーゼとした。まず、ビーフカツレツのような厚切り肉を揚げるときの考え方とは、切り離して考えたい。よく揚げ焼きというが、私の中には、香り（バター）を食べさせる料理、というイメージがある。薄い肉はすぐに火が通ってしまうが、水分を抜きすぎずに、いかに衣の香ばしさを出すか？ がポイント。その点、仔牛肉はしっかりと火入れをしても柔らかく食べられるので最適だ。肉自体はミディアムウェルダンくらいの火入れを目指し、ノワゼットになったバターで衣の香ばしさを十分に引き出したい。ブリオッシュのような、カリカリのバタートーストのような、いい香りが立ち上るよう、バターの面倒をみてあげること。この香りが消えないうちに、提供後はサッと食べてもらうのが理想的だ。

材料（作りやすい分量）

仔牛ヒレ肉……1枚(130g)
塩……1g(肉の重量の0.8%)
白コショウ……適量
タイムの葉（みじん切り）……適量
グラナ・パダーノ・チーズ……適量
小麦粉……適量
溶き卵……適量
パン粉（細挽き）……適量
バター……130g

仕上げ

グラナ・パダーノ・チーズ、
　イタリアンパセリ（シズレに切る）、
　レモン……各適量

＊パン粉は乾いたバゲットを
　フードプロセッサーにかけて細かく砕く。

1 仔牛ヒレ肉は余分なスジと脂を取り除く。繊細な肉なので優しく丁寧に。

2 肉をラップフィルムで挟み、2mm程度の厚さになるまで均等にたたく。肉がちぎれないよう、少しずつ徐々に広げていくこと。伸ばしてすぐに加熱すると縮みやすいので、少しおいてやすませる。

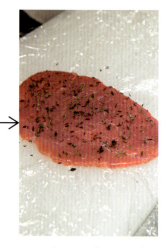   

3 上のラップフィルムをはがし、片面に塩、白コショウをしたら再度ラップをかけて裏返し、もう片面のラップをはがしてタイムの葉を散らす。

4 グラナ・パダーノ・チーズを削って表面全体に振りかける。

5 4の上から小麦粉を均等に振り、ラップフィルムをかけて手のひらで押さえ、しっかりと密着させる。

6 ラップフィルムをはがし、肉を下側のラップからもはがして持ち上げ、余分な粉をはたいてラップの上に落とす。

7 落とした粉を、もう片面にもまんべんなく振る。

8 7に溶き卵をつける。指でなぞると粉が取れてしまうので、手のひらで押さえるようにするとよくつく。

9 パン粉を敷いたバットに8をのせ、表面にもパン粉をたっぷりとかけ、軽く押さえて密着させる。余分なパン粉をはたいて落とす。

10 片面にナイフで格子状の筋目をつける。見た目をよくするだけでなく、油ぎれもよくなる。

Veal cutlet Milanese style

11 フライパンにバターを入れて弱火にかけ、溶けてきたら10の筋目を入れた側を下にして入れる。

12 バターがムース状になっている火加減でアロゼを繰り返す。泡が小さく細かくなってくる。

13 バターがノワゼットになり、香ばしさがしっかりと出てくるタイミングを見つつ、焼き色も十分についたところで裏返す。

14 肉にはすでに火は通っているので、軽くアロゼしながら裏面も焼く。

15 裏面にも色がついたら引き上げる。

16 油をきり、皿に盛り付ける。仕上げにグラナ・パダーノ・チーズを削りかけ、イタリアンパセリを振り、レモンを添える。

ソースのバリエーション
Variété de la sauce

牛肉料理に合わせるソースとしては、フランス料理のクラシックなソースがまず基本にあるが、そこに欠かせないのがフォンの役割だ。肉を主役として調理し、骨からとったフォンをソースに使う。一皿の中で、牛を丸ごと使うという考え方が根底にあり、ソースは料理を構成する大切な一部となる。私のソースには、ベアルネーズなどを除き、バターをほとんど使わない。皿にたっぷりと流すこともしない。酒とグラス・ド・ヴィアンドを濃縮させた旨味のエッセンスをアクセントにする。また、こうしたソースの他によく使うのが、フレーバーソルトやサルサ。世界中を旅して味わい、感じてきたものを自分なりの解釈で表現するのも、また大切なことである。

ベアルネーズソース
Sauce béarnaise

クラシックなソースで手作りする店も少なくなったが、グリルした肉などによく合う。料理にコクを与える一方で、ヴィネガーの酸やハーブの香りがさっぱりと脂をきってくれるので、脂の多い肉に添えるといい。エストラゴンの風味は、ベアルネーズに必須。

材料(作りやすい分量)
バター(小片に切る)……200g
卵黄……1個分
エシャロット(みじん切り)……1個分
エストラゴン……2枝
セルフィーユ……4〜5枝
シブレット……15本
白ワインヴィネガー……100ml
塩……少量

1 澄ましバターを作る。鍋にバターを入れ、火にかけて溶かしたら、そのまま常温に静置して乳固形分を沈殿させる。ボウルとザルを重ね、水にぬらして固く絞ったキッチンペーパーを敷き、バターの上澄み部分だけを少しずつ丁寧に漉す(写真❶)。沈殿した乳固形分は、煮込みなどの風味づけに入れてもよい。

2 エストラゴンとセルフィーユは葉と軸に分け、葉の部分はシブレットとともにシズレにする。

3 鍋に白ワインヴィネガーとエシャロット、2のハーブの軸を入れて火にかける。サッと沸かしてアンフュゼし(写真❶)、ヴィネガーを漉す(写真❶)。

4 ボウルに卵黄を入れて湯煎にかけ、塩と3のヴィネガーを温かいうちに入れて、泡立て器で攪拌する(写真❶❶)。だんだんと濃度がつき、白っぽい色合いになってきたら(写真❶)、さらに攪拌する。気泡がきめ細かく整い、泡立て器やスプーンの跡が筋になって残るくらいになったら(写真❶)、湯煎から外す。

5 4に1の澄ましバターをスプーン1杯ずつ加えながら攪拌し、乳化させる(写真❶)。ボウルの全体ではなく、泡立て器を動かす場所を1点に決めて攪拌するのがポイント(写真❶)。途中、温度が下がってゆるんできたら再度湯煎にかけながら作業し、ぽってりと空気を含んだ状態に仕上げる。バターは全量入れず、状態を見て判断する。

6 5に2でシズレしたハーブを入れ、よく混ぜる(写真❶)。

赤ワインソース
Sauce au vin rouge

バターを使わずとも、しっかりと煮詰めることで粘性が増す。渋み、酸味のニュアンスを残しつつ、ギュッと濃縮した赤ワインのエキスは、こってりしているがキレがあり、塩の量もわずかで済む。料理に添える量も最小限で十分。

材料（作りやすい分量）
赤ワイン……200ml
グラス・ド・ヴィアンド（p.068参照）
　……100g
塩……適量

＊赤ワインはチリ産のカベルネ・
　ソーヴィニヨンを使用した。

1　鍋に赤ワインを入れて火にかける。沸騰してアルコールがとんだらグラス・ド・ヴィアンドを入れて煮詰めていく。

2　1/3量まで煮詰め（仕上がり約90g）、塩で味を調える。

マデラソース
Sauce au madère

マデラ酒とキャラメリゼした玉ネギ。双方の甘みと香ばしさが重なり合う、豊かな風味。ソースとしてはもちろん、煮込み料理のベースとして使えばコク出しになり、グラス・ド・ヴィアンドのゼラチン質も活きてくる。

材料（作りやすい分量）
マデラ酒……200ml
玉ネギ……1/2個分（100g）
バター……30g
グラス・ド・ヴィアンド（p.068参照）
　……100g
塩……適量

1　玉ネギは1/2個を半分に切り、さらに繊維を断つようにスライスする。フライパンにバターを入れて熱し、玉ネギを入れ、キャラメリゼするまでゆっくりと炒める。余分な油はペーパーで押さえて取る。

2　鍋にマデラ酒を入れて火にかけ、アルコールをとばして軽く煮詰めたところへ、1とグラス・ド・ヴィアンドを入れ、半量程度まで煮詰め（仕上がり約150g）、塩で味を調える。

ルビーポートソース
Sauce au porto

ポートワインやマデラ酒など酒としての旨味が強いものは、それだけでソースのような味わいをもつが、グラス・ド・ヴィアンドと合わせて煮詰めることで、照り焼きのタレのような甘みと濃縮感を味わえる。

材料（作りやすい分量）
ポートワイン（ルビー）
　……200ml
グラス・ド・ヴィアンド（p.068参照）
　……100g
塩……適量

1　鍋にポートワインを入れて火にかける。アルコールがとんだらグラス・ド・ヴィアンドを入れ、艶が出るまで煮詰める（仕上がり約100g）。塩で味を調える。

フレーバーソルト

オレンジソース
Sauce à l'orange

オレンジ果汁の甘みと酸味に、野菜の香味と食感をプラス。優しい味わいに濃厚なだしを合わせて骨格を作る。牛肉はもちろん、鶏肉や鴨肉などにも合わせやすい。

材料(作りやすい分量)
オレンジ果汁……200ml
グラス・ド・ヴィアンド(p.068参照)……50g
A ┌ 玉ネギ(みじん切り)……80g
　├ ニンニク(みじん切り)……1片分
　├ ニンジン(みじん切り)……20g
　└ セロリ(みじん切り)……20g
バター……50g
塩……小さじ1/4
オレンジの皮(みじん切り)……2g

1　鍋にバターを入れて火にかけ、Aと塩を入れてスュエする。

2　しんなりとして野菜の甘みが出たら、オレンジ果汁とグラス・ド・ヴィアンドを入れて煮詰める。アクが浮いたら取り除き、仕上げにオレンジの皮を入れ、塩(分量外)で味を調える(仕上がり約250g)。

醤油ソース
Glace de viande avec soja

醤油を前面に立たせるのではなく、あくまで香りづけとして使うのがポイント。だからこそ、きちんと作られたい醤油を使いたい。穏やかに漂う和のエッセンスが、ステーキやハンバーグの香ばしさを引き立てる。

材料(作りやすい分量)
醤油……小さじ1/2
グラス・ド・ヴィアンド(p.068参照)……100g

1　鍋にグラス・ド・ヴィアンドを入れて火にかけ、温まったら醤油を入れる。煮詰めなくてよい。

クレオール・スパイス・ソルト
Creole salt

店でフライドチキンなどを作るときのために常備しているクレオール・スパイスに、塩をブレンドした。唐辛子よりもコショウを効かせたシャープな辛味に、甘い香りやハーブの清涼感などが混じり合う。

材料(作りやすい分量)
クミン(パウダー)……大さじ3
シナモン(パウダー)……大さじ2
パプリカ(パウダー)……大さじ2
コショウ……大さじ1
ガーリック(パウダー)……小さじ1
タイム(パウダー)……小さじ1
ローリエ(パウダー)……小さじ1
カイエンヌペッパー……少量
藻塩……大さじ1

1　すべての材料を混ぜ合わせる。密閉容器で保存。

オレンジ・フレーバー・ソルト
Orange flavored salt

オレンジの皮の風味と、相性のいいスパイスやハーブを合わせて、塩に柔らかな香りを移す。塩はサクサクとした食感のフレークタイプがよく合う。

材料(作りやすい分量)
クミン(シード)……大さじ1
コリアンダー(シード。包丁の背でつぶす)……小さじ1
オレガノ(ドライ)……小さじ1
クローブ……1粒
オレンジの皮……2g
フレーク塩(マルドン)……大さじ2

1　すべての材料を混ぜ合わせ、密閉容器に入れて塩に香りを移す。塩がオレンジの皮の水分を吸い、乾いてくるので傷みにくいが、早めに使い切る。

サルサ

トマト、玉ネギ、ピーマンの
シンプルサルサ
Salsa cruda

チミチュリ
Chimichurri

キウイのサルサ・ヴェルデ
Salsa verde

生の野菜を刻んで混ぜるだけ。塩などで味つけもしないが、野菜のフレッシュな香味や食感が焼いた肉と不思議によく合う。店の定番メニュー、イパネマステーキにも欠かせないサルサだ。

アルゼンチンなどで肉のソースとして親しまれているソース。いろいろな作り方があり、ペースト状のものが多いのだが、私はみじん切りの野菜を多種類混ぜ合わせて食感を楽しめるようにしている。

ベースはメキシカンのサルサ・ヴェルデだが、トマティーヨ（食用ほおずき）の代わりに、熟す前の甘くないキウイを使った。肉料理やタコスに添えるのはもちろん、青唐辛子の効いたガスパチョ的に味わうこともできる。

材料（作りやすい分量）
トマト……150g
ピーマン……100g
赤玉ネギ（みじん切り）
　……100g

1　トマトとピーマンはそれぞれ種を取り、1cmの角切りにする。

2　1と赤玉ネギを混ぜ合わせる。

材料（作りやすい分量）
A ┃ パプリカ（赤）……50g
　┃ カブ……50g
　┃ ズッキーニ……50g
　┃ ナス……50g
　┃ ニンジン……50g
　┃ 紅芯大根……50g
　┃ バジル（葉のみ）……10枚
　┗ ドライトマト……20g
アンチョビ（ペースト）
　……小さじ1
カイエンヌペッパー……少量
塩……少量

1　Aの材料はすべてみじん切りにし、その他の材料と混ぜ合わせる。作りたてでも、1日おいてなじませてから使ってもよい。

材料（作りやすい分量）
A ┃ キウイ（熟していない固い
　┃ 　もの）……90g（正味）
　┃ トマト（熟していない固い
　┃ 　もの）……250g
　┃ コリアンダー（葉を摘む）
　┃ 　……10g
　┗ 青唐辛子（ヘタを取り種
　　　ごと）……20g
赤玉ネギ（みじん切り）
　……30g
塩……ひとつまみ

1　Aの材料を適当に切り、ミキサーで粗めに攪拌する。

2　1をボウルに移して赤玉ネギを入れ、塩で味を調える。

牛肉料理バリエーション
Practice

1. ステーキの応用——084
2. ローストビーフの展開・応用——087
3. ビーフカツレツの展開——094
4. スープ・煮込み——102
5. 薄切り肉・端肉を使った料理——132
6. 挽き肉料理——160
7. 副生物料理——175

「マルディ グラ」でも1、2を争う人気メニューのひとつ。肉に塩をして一晩おいて浸透させてからステーキにする方法は、ブラジルで親しまれる塩漬けの牛肉にヒントを得た。現地では煮込みに使うが、ステーキにアレンジしたのがこの料理。つけ合わせにも、フェジョアーダやファロッファなどブラジルのテイストを添え、イパネマステーキと名づけた。本書の前半で紹介している基本のステーキとは違う、締まった肉のテクスチャーが独特で、水分が抜けているので焼く際にも焼き色が早くつく。店ではサガリやハラミを使い、炭火の熾火でゆっくりと焼くことも多いが、ここでは厚手の鉄板を使用した。十分に熱して蓄熱させてから、弱火で焼き上げるのがポイント。

材料（作りやすい分量）

牛サーロイン……1枚（300g）
塩……3g（肉の重量の1%）
バター……15g

ミニョネット……適量

つけ合わせ

フェジョアーダ（p.086参照）……適量
ファロッファ（p.086参照）……適量
トマト、玉ネギ、ピーマンの
　シンプルサルサ（p.081参照）……適量
ご飯（ジャスミンライス）……適量

＊牛サーロインは熊本産あか牛を使用した。

1 牛サーロインは、塩をまぶして真空用袋に入れて真空にし、冷蔵庫に一晩おく（写真ⓐ）。
＊塩がよく浸透するのと、酸化を防ぐために真空パックにしたが、ラップフィルムに包むだけでもよい。

2 鉄板を十分熱したら弱火にしてバターを入れ、室温に戻しておいた1の牛肉を脂身を下にして立てて入れる（写真ⓑ）。1分もしないうちに色がつくので肉を倒し（写真ⓒⓓ）、他の面も順番に焼いていく（写真ⓔ）。

3 トータルで3分ほど焼き、最後の面を下にしたら（写真ⓕ）、火を止めて余熱で火を入れる。2~3分おいたら再び弱火にかけて最後の面に焼き色をつけ、肉を皿に取り出し、温かい場所で10分ほどやすませる。

4 空いた鉄板を熱くし、3の肉をスライスしてつけ合わせとともに盛り付け、肉の上にミニョネットをのせる。

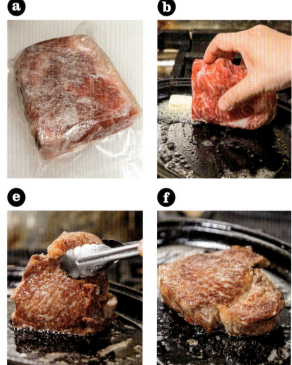

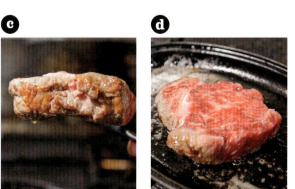

[イパネマステーキ]
つけ合わせ

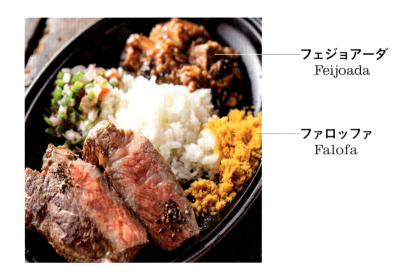

フェジョアーダ Feijoada

ファロッファ Falofa

フェジョアーダ
材料(作りやすい分量)
牛切り落とし肉……150g
豚ホホ肉、豚タン、豚耳
　……合わせて700g
黒豆(乾燥)……200g
玉ネギ(みじん切り)……2個分
ニンニク(みじん切り)……2片分
トマトピューレ……100g
ラード……大さじ2
塩……適量
水……1ℓ

＊豚ホホ肉、豚タン、豚耳の割合は好みでよいが、豚耳のゼラチン質があるとよりおいしくできる。
＊黒豆は水に一晩浸けて戻しておく。

1　牛切り落とし肉と豚ホホ肉、豚タンには、それぞれ重量の1％の、豚耳には1.6％の塩をまぶし、冷蔵庫に一晩おいてから、黒豆と同じくらいの大きさに切る。

2　鍋にラードとニンニクを入れて火にかけ、香りが立ったら玉ネギを入れて炒める。しんなりとしたら1の肉類を入れて軽く炒め合わせ、水をきった黒豆、トマトピューレ、分量の水を入れる。

3　沸いたら火を弱め、蓋をして肉と黒豆が柔らかくなるまで2時間を目安に煮込む。途中、煮詰まったら水を足し、味をみて塩で調える。

ファロッファ
材料(作りやすい分量)
マンジョッカ粉……大さじ3
ベーコン(みじん切り)……20g
カロチーノ(レッドパームオイル)
　……大さじ1

＊マンジョッカ粉(ファリンニャ・デ・マンジョッカ)は、マンジョッカイモ(キャッサバイモ)をすりおろし乾燥させたもの。

1　フライパンにカロチーノを入れて熱し、ベーコンを炒めて香りと脂を出したところへマンジョッカ粉を入れ、香ばしくなるまで炒める。

Grilled sirloin IPANEMA style

バリエーション **2**
ロースト ビーフ の展開・応用

コールドビーフの サラダ仕立て
Cold beef salad

ローストビーフを食べ応えのある角切りにして、サラダ仕立てにする。味つけはプレーンなヴィネグレットでもよいのだが、私としては、それではちょっとつまらない。カナリア諸島で肉や野菜に添えるソースとして親しまれているモホ・ヴェルデに、オレンジの果肉を加えるなどのアレンジを加えてソースにした。香菜とミントに、エキゾチックなクミンの香りと柑橘のフレーバーが食欲をそそる。

材料(作りやすい分量)

ローストビーフ(p.052参照)……適量
モホ・ヴェルデ(右記参照)……適量
サラダ用の葉野菜……適量
塩……少量
コショウ……少量

1 葉野菜に軽く塩、コショウをして皿に盛り、ローストビーフを角切りにしてのせ、モホ・ヴェルデをかける。

モホ・ヴェルデ
材料(作りやすい分量)

香菜の葉(粗みじん切り)……10g
ミントの葉(粗みじん切り)……10g
ニンニク(みじん切り)……1/2片分
オレンジの果肉(カルチェに切る)
　……1個分
ライムの皮(ジュリエンヌに切る)……3g
ライム果汁……2個分
クミン(パウダー)……小さじ1
黒糖(粉)……小さじ1
塩……小さじ1/2
オリーブオイル……150ml

1 ボウルにすべての材料を入れ、よく混ぜ合わせる。

小さな塊の肉に、柑橘のフレーバーを添えてローストにする。肉は黒毛和牛（尾崎牛）のイチボを使用。固くはないがしなやかな弾力があり、赤身だが脂も強く味も濃厚なので、バランスをとって塩は少し強めに。香味野菜や柑橘の香りをまとわせるようにして、ゆっくりと火を入れる。炭台があれば、熾火でゆっくりと焼いてもいいだろう。

材料（作りやすい分量）

牛イチボ（黒毛和牛）
　……1枚（250g）
塩……3g（肉の重量の1.3%）
コショウ……適量

A ┌ 玉ネギ（皮つきのまま8等分の
　　　くし形に切る）……2切れ
　├ ニンニク（皮つき）……1片
　├ オレンジの皮
　　　（ピーラーで削る）……3枚
　├ タイム（ひもでしばる）
　　　……10枝分
　└ ローリエ……1枚

ビーフフレーバーオイル
　（p.069参照）……大さじ3
オレンジ・フレーバー・ソルト
　（p.080参照）……適量

＊ビーフフレーバーオイルがない場合はオリーブオイルを使用する。

1 牛イチボは室温に戻して塩とコショウをまんべんなくまぶし、少しおいてなじませる。

2 カスエラ（陶器のココット）を弱火でゆっくりと熱したら、ビーフフレーバーオイルを入れ、1の牛肉を脂身を下にして立てて入れる（写真ⓐ）。ジュクジュクというくらいの火加減で焼き、軽く色がついたら肉を倒す（写真ⓑ）。隙間にAの材料を並べ（写真ⓒ）、200℃のオーブンで12分焼く。

3 12分後、オーブンから出して肉を裏返す。この時点で七割程度の火通りなので、直火にかけて焼き色をつけながら火入れを調整する（写真ⓓⓔ）。金串を刺して確認したら、肉を皿に取り出して温かい場所で12分やすませる（写真ⓕ）。

4 やすませた肉を切ってカスエラに戻し、肉の断面にオレンジ・フレーバー・ソルトを振る。

使用した牛肉

US産ブラックアンガス牛の肩ロース。肉質の違う3つのパートに分かれていて、火の入り方も違うため、加熱後の肉の表面は少し凸凹と波打つような感じになる。よく動く部位なので筋肉質だがコクがあり、パストラミビーフには向く。

塩とスパイスをまぶして一晩おき、じっくりとスモークしてからローストにした。本来、パストラミビーフはもっと塩分が強く、しっかりとねかせるため、ハムに近い食感と味わいになるのだが、これはローストビーフ寄りの仕上げ。表面のスパイスは、スモークとローストにより焦げるのではなく濃い色合いにし、深い香りを引き出すのが理想。焼き上がりはそのまま食べてもいいが、薄くスライスしてパストラミサンドにした。

材料(作りやすい分量)

- 牛肩ロース(塊)……2kg
- 塩……26g(肉の重量の1.3%)
- A
  - パプリカパウダー(スモーク)……大さじ3
  - クミン(パウダー)……大さじ1
  - オールスパイス(パウダー)……大さじ1
  - マスタードシード(パウダー)……大さじ1/2
  - コショウ(粗挽き)……大さじ3
  - ガーリック(パウダー)……大さじ1
  - コリアンダーシード(パウダー)……大さじ2
- 玉ネギ(横半分に切る)……3個分
- ニンニク(横半分に切る)……1株分
- オリーブオイル……適量

＊スモークチップを80g用意する。

1 塩とA(写真ⓐ)を混ぜ合わせ、牛肉全体にまぶしつける。表面だけでなく、繊維の隙間などにもしっかりと入れ込むようにまぶしたら(写真ⓑ)、ラップフィルムでぴっちりと包んでビニール袋などに入れ、冷蔵庫で一晩ねかせる。

2 1の肉を一晩おいた状態(写真ⓒ)。全面がスパイスでかっちりとコーティングされ、肉は締まっている。

3 寸胴鍋の底にスモークチップをドーナツ状に敷き、肉を安定させるためにアルミホイルを丸めて平たくしたものを中央に置く(写真ⓓ)。

4 2の肉にフックをかけて頑丈な網に引っかけ、3の鍋にのせて肉を吊るす（写真❹❺）。アルミホイルをかぶせた蓋をのせて強火にかけ（写真❻）、煙が上がってきたら火を弱める。

5 薄煙が上がる状態を保ちながら40分ほどスモークする。できるだけ肉に熱をかけずに燻香をつけたいので、鍋と蓋の隙間は開いていてよい（写真❼）。

6 ちょうど20分経過した状態（写真❽）。だいぶスモーキーになってきた。

7 40分後（写真❾）。表面が乾き、スモークによりスパイスが黒っぽい色合いに変化している。鍋から取り出し、フックを外す。

8 浅鍋に玉ネギとニンニクを並べ、その上に7の肉をのせる。上からオリーブオイルを回しかけ（写真❿）、200℃のオーブンで1時間を目安に焼く（写真⓫）。途中、20分経ったところで肉を裏返し、そこから30分焼いたらまた裏返して10分焼く。そのつど、金串で火入れの確認をする（写真⓬）。

9 オーブンから出し、最低でも30分はやすませてからスライスする（写真⓭）。

パストラミサンドウィッチ
材料
ライ麦パン（スライス）……適量
パストラミビーフ（左記参照。スライス）……適量
マリボー・チーズ（スライス）……適量
アメリカマスタード（イエローマスタード）……適量
バター……適量
ピクルス（ガーキン）……適量

1 ライ麦パン1枚にバターを塗り、もう1枚にマリボー・チーズをのせ、それぞれトーストする。バターを塗ったパンにマスタードを塗ってパストラミビーフのスライスを重ねてのせ、チーズをのせたパンをかぶせる。ピクルスをのせて楊枝で留める。

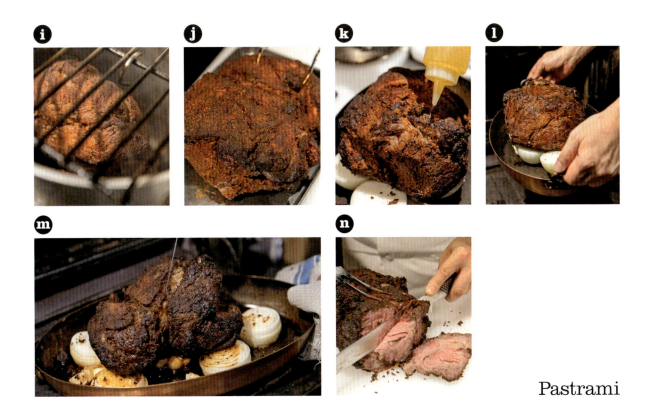

Pastrami

バリエーション **3** ビーフカツレツの展開

ビーフカツレツを大胆にのせた贅沢なカレー。柔らかなヒレなら、スプーン1本でも楽に食べられる。衣のサックリしたところと、カレーソースに浸ってしんなりしたところのコントラストが楽しめるのもいい。肉にボリュームがあるので、黒コショウをシャープに効かせたスパイスカレーを合わせてバランスをとったが、あえてとろみのある欧風のビーフカレーと組み合わせても、ザ・日本の洋食といった趣になる。

ビーフカツレツカレー
Beef cutlet curry

1 p.117のスパイスカレーとp.071のビーフカツレツを、ご飯とともに皿に盛り付け、ピクルス(ガーキン)を添える。ご飯にシズレしたイタリアンパセリを振る。

ビーフカツレツの
サンドウィッチ

カツレツはヒレ肉のカブリ部分を使用。平たく表面積も大きいので、サンドウィッチには使いやすい。軽く仕上げたいので、ソースは使わず、マスタードとサワークリームを食パンに塗り、酸味を添えた。

材料(作りやすい分量)

ビーフカツレツ(p.071参照)……1枚
食パン(6枚切り)……2枚
バター……適量
サワークリーム……適量
マスタード(ディジョン)……適量

飾り用のエストラゴン……適量

1. ビーフカツレツはヒレ1本を掃除した際のカブリの部分を使い、p.072〜073を参照して揚げる。

2. 食パンはトーストし、1枚にバターとサワークリームを重ねて塗り、もう1枚にマスタードを塗る。

3. 2の食パンでカツレツをサンドし、耳を落として半分に切る。皿に盛り、エストラゴンを添える。

Beef cutlet sandwich

バリエーション 3
ビーフカツレツの展開

ローズマリー フォカッチャ サンドウィッチ

仔牛のカツレツと、ローズマリーを効かせたフォカッチャの組み合わせ。バターは塗らずにスライスし、口の中で溶けて香りが広がる仕掛け。野菜もたっぷり、レモンの爽やかさがアクセントになる。

材料(作りやすい分量)

仔牛のカツレツ(p.074参照)……1枚
フォカッチャ……1切れ
トマト(ごく薄いスライス)……中2個分
サラダ菜……適量
ビーフフレーバーオイル(p.069参照)
　　……適量
マスタード(ディジョン)……適量
バター(ごく薄いスライス)……70g
グラナ・パダーノ・チーズ……適量
レモン(ごく薄いスライス)……1/4個分
塩、コショウ……各適量

＊フォカッチャは縦20cm×横8cm×高さ6cmの自家製ローズマリーフォカッチャを使用。
＊ビーフフレーバーオイルの代わりに、フォンの材料を焼いた際に出る脂などを使用してもよい。それもなければオリーブオイルを使う。

1　フォカッチャを横半分に切り、下の断面にビーフフレーバーオイルを塗ってからマスタードを薄く塗る。

2　1の上にバターを敷き、トマトを並べた上にサラダ菜をのせ、塩、コショウを振り、ビーフフレーバーオイルを少量たらす。さらに上からグラナ・パダーノ・チーズを削りかけ、レモンを散らしたら、仔牛のカツレツをのせ、上のフォカッチャをかぶせる。

Focaccia sandwich with veal cutlet

ビーフのデリカテッセンスタイル
Beef Dericatessen

❸ ビーフピラフ
Beef pilaf

❷ ミートソーススパゲッティ
Spaghetti Bolognese

❹ ビーフオムレツ
Beef omelet

❶ ビーフカツレツ
Breaded beef cutlet

[ビーフのデリカテッセンスタイル]
ビーフカツレツとともに、さまざまな牛肉料理をワンプレートに盛り合わせた、いわば大人のお子様ランチ。

❷ミートソーススパゲッティ

プレート全体でボリュームがあるので、トマトベースのさっぱりとしたミートソースに仕上げた。牛挽き肉はじっくりと焼いてキャラメリゼすることで、香りが活きてくる。スパゲッティと合わせた後は、好みでグラナ・パダーノやパルミジャーノを振ってもいいだろう。

Spaghetti Bolognese

材料(作りやすい分量)

ミートソース

- 牛挽き肉……1kg
- A
  - オリーブオイル……小さじ2
  - 塩……10g
  - コショウ……適量
- ニンニク(みじん切り)……2片分
- 玉ネギ(みじん切り)……2個分(600g)
- ニンジン(みじん切り)……1本分(250g)
- ホールトマト(パッセする)……800g
- タイム(ひもでしばる)……10枝
- ローリエ……1枚
- B
  - オリーブオイル……大さじ2
  - バター……30g
- C
  - 塩……小さじ1/4
  - コショウ……少量
- 赤ワイン……200ml
- ビーフフレーバーオイル(p.069参照)……大さじ2

仕上げ

- ミートソース……約200g
- スパゲッティ(乾麺)……80g
- 塩……適量

＊ビーフフレーバーオイルの代わりに、フォンの材料を焼いた際に出る脂などを使用してもよい。それもなければオリーブオイルを使う。

ⓐ

ⓑ

ミートソースを作る

1 フライパンにAのオリーブオイルを入れて熱し、牛挽き肉を全体に広げる。そのまま触らずに強めの中火にかけ、塩、コショウを振る。ときどき鍋底に当たっているところをはがしながら(写真ⓐ)、挽き肉がキャラメリゼするまで焼く。

2 肉が温まり、水分が出てきたら、それをとばすようにさらに焼き、15分ほどしてしっかりとキャラメリゼしたら(写真ⓑ)

3 ザルにあけて余分な脂をきる（写真ⓒ）。ボウルにたまった脂も、取っておくと香りづけなどに使える。

4 1〜3の作業と同時進行で、別鍋にBのオリーブオイルとバターを入れて中火にかける。香りが立ったらニンニク、玉ネギ、ニンジンを入れ、Cの塩、コショウをしてひと混ぜする。タイムを入れて蓋をし、スュエする(写真ⓓ)。

5 全体が蒸れて温まったら蓋は外してよい。しばらくすると、玉ネギやニンニクの辛い香りが抜け、野菜の甘みが凝縮した、コアな香りが立ってくる。1〜3とこの作業が同じタイミングで終わるのが理想。

6 5の鍋に3で脂をきった挽き肉を入れる(写真ⓔ)。

7 空いた3のフライパンに赤ワインを入れて強火にかけ、デグラッセし、アルコールがとんだら、これも鍋に入れる(写真ⓕ)。

8 7の鍋にパッセしたホールトマト、ローリエも入れ（写真ⓖⓗ)、蓋をして250℃のオーブンに1時間〜1時間半入れる。直火で煮込んでもよい。

9 仕上げに、香りづけのビーフフレーバーオイルを入れる（写真ⓘ）。代わりに3で取りおいた脂を入れてもよい。

ミートソーススパゲッティを仕上げる

10 ミートソースをフライパンで温め、ゆでたてのスパゲッティと和える。ゆで湯と塩で濃度と味を調える。

Beef Dericatessen

[ビーフのデリカテッセンスタイル]
❸ビーフピラフ

ウズベキスタンなど中央アジアで親しまれる、羊肉のプロフを牛肉でアレンジした。羊肉の強い香りの代わりに和牛香を活かし、ジャスミン米とクミン、レーズンの風味も入り混じり、エキゾチックな味わいとなる。

Beef pilaf

材料(作りやすい分量)

牛イチボ……200g
A ┌ 塩……2g(肉の重量の1%)
  └ コショウ……適量
バター……30g
ビーフフレーバーオイル(p.069参照)……大さじ2
牛脂(和牛)……30g
ニンニク(みじん切り)……1片分
玉ネギ(みじん切り)……130g
ニンジン(小さな賽の目切り)……60g
クミンシード……小さじ2
レーズン……30g
ジャスミン米……300g
グラス・ド・ヴィアンド(p.068参照)……50g
塩……適量

＊牛イチボは青ヶ島産の黒毛和牛、東京ビーフを使用した。
＊ビーフフレーバーオイルの代わりに、フォンの材料を焼いた際に出る脂などを使用してもよい。それもなければオリーブオイルを使う。

1 牛イチボは大ぶりの一口大に切り、Aの塩、コショウをする。

2 鍋にバターとビーフフレーバーオイル、粗く刻んで軽く塩をした牛脂を入れて熱し、1の肉を入れる。強火で全体にしっかりと焼き色をつけ(写真ⓐ)、香りを引き出したら肉だけを取り出す。

3 2の鍋にニンニクを入れて香りを出したら(写真ⓑ)玉ネギ、ニンジンを入れて塩ひとつまみを振り、ざっと炒め合わせてクミンシードを入れる(写真ⓒ)。さらに炒めてクミンの香りが立ったらレーズンを入れ、ジャスミン米を入れる(写真ⓓ)。

4 米全体に油をなじませたら(写真ⓔ)、水400mlとグラス・ド・ヴィアンドを入れ(写真ⓕ)、塩ひとつまみを振り、2の肉を戻し入れる(写真ⓖ)。

5 蓋をし、沸騰したら200℃のオーブンで15分炊く(写真ⓗ)。そのまま直火で炊いてもかまわない。

［ビーフのデリカテッセンスタイル］
❹ビーフオムレツ

少し懐かしい趣のある家庭風のオムレツだが、仕上げにケチャップではなくソース・エスパニョールを添えてフレンチスタイルに。玉ネギと挽き肉を炒めたところへ、そのまま卵液を流し入れたが、店では具をあらかじめ仕込んでおいてもよいだろう。

Beef omelet

材料(作りやすい分量)

牛挽き肉……100g
A－塩……1g(肉の重量の1%)
卵……3個
玉ネギ(みじん切り)……60g
オリーブオイル……大さじ1
塩、コショウ……各適量

ソース・エスパニョール(p.113参照)……適量

1 牛挽き肉にはあらかじめAの塩をしておく。卵は溶いて塩、コショウを加える。

2 フライパンにオリーブオイルを入れて火にかけ、玉ネギを入れ、軽く塩をして炒める。水分が抜けるまでしっかりと炒めたら、1の牛挽き肉を入れてさらに炒める。途中でコショウを振る。

3 2に1の卵を入れて全体を混ぜ、オムレツを巻く。

盛付け
ビーフオムレツ、ミートソーススパゲッティ、ビーフピラフ、ビーフカツレツ(p.071参照)を皿に盛り合わせる。イタリアンパセリを添え、オムレツにはソース・エスパニョールをかける。

Beef Dericatessen

e

f

g

h

バリエーション
4
スープ・煮込み

コンソメスープ
Consommé

ここではフランスの素朴な郷土料理をはじめ、カレーやハッシュドビーフなどの洋食、コーンビーフ、ラグマンやラーメンなどの麺料理まで、技術とともに時間が味を育ててくれる煮込み料理を紹介する。牛肉に塩をして一晩おいたり、加熱をすることで余分な水分を抜き、コアな味を引き出す。一緒に煮る野菜の甘みを引き出す。ひとつの鍋の中で、徐々に変化していく香りや味をいかにうまく捉えられるようになるか。その下地になるようなレシピだ。

牛テールやスジ、仔牛の骨から旨味を抽出したフォン・ド・ヴォーをベースに、挽き肉と野菜でクリアなスープに仕立てる。フランス料理のエッセンスを凝縮した、滋味深く贅沢なスープだ。普段は野菜をほとんど入れず、もっと濃厚ストレートに仕上げるのだが、ここでは野菜の香りと甘みを引き立たせ、より複雑さをもたせた味に仕上げた。

材料（作りやすい分量）

フォン・ド・ヴォー(p.066参照)……1ℓ
牛挽き肉……300g
卵白……2個分
A ┬ 玉ネギ（みじん切り）……大1個分(300g)
　├ ニンジン（みじん切り）……1本分(180g)
　├ セロリ（みじん切り）……1本分(40g)
　└ トマト（みじん切り）……1個分(200g)
塩……小さじ1/4

1. ボウルに牛挽き肉を入れ、卵白を入れて手でよく混ぜ合わせる。もっと大量に作る場合は泡立て器を使う。

2. 1をAの野菜類を入れたボウルに加え、さらによく混ぜる（写真ⓐ）。

3. 鍋にフォン・ド・ヴォーを入れ、50℃（卵白がすぐに固まらない程度）くらいまで温める。
＊フォン・ド・ヴォーを仕込んだ流れでそのままコンソメ作りの作業に入るときは、分量のフォンを取り分けて粗熱をとる。

4. 3の鍋に2を入れて泡立て器で混ぜ、中火にかけて徐々に加熱する（写真ⓑ）。

5. 沸いてきたら目立つアクは取り除き（写真ⓒ）、中心部分を脇に寄せるようにして穴を空ける（写真ⓓ）。こうすることで、中の液体の対流を促し、徐々に澄んだスープになる（写真ⓔ）。ポコポコと静かに沸く火加減で1時間ほど加熱すると、液体が2/3量ほどになる。

6. キッチンペーパーをぬらして固く絞り、2つのシノワの間に挟んで重ねたら、5をレードルで1杯ずつ入れて、静かに漉す（写真ⓕ）。漉した肉と野菜を上から押すとスープが濁るので、自然に落ちたものだけを使う。

7. 漉し取ったスープを温め、塩で調味する。

使用した牛肉

味の濃いUS産ブリスケットに塩をし、一晩おいてから使用。固い部位だが煮込みには最適。長時間煮込んでも繊維がしっかりと残る。

塩をして一晩おいた牛肉とポワローをコトコト煮込むだけの、シンプルなポトフ。味の補強に少量のグラス・ド・ヴィアンドを入れたが、使わなくてもブリスケットからいいだしが出る。これはあえて、オーブンに入れず直火でゆっくりと火入れをしたい。だしをたっぷりと吸い込んだポワローがまた、旨いのだ。

材料(作りやすい分量)

牛ブリスケット(塊)……1kg
塩……13g(肉の重量の1.3%)
ポワロー……2本
A ┌ ニンニク(皮つき)……2片
  │ 白粒コショウ(だし用パックなどの袋に入れる)……10粒
  │ タイム(ひもでしばる)……5枝
  │ ローリエ……1枚
  │ グラス・ド・ヴィアンド(p.068参照)……100g
  └ 粗塩(ゲランド)……小さじ1/4
水……1ℓ

仕上げ

粗塩(ゲランド)……適量
白コショウ(粗挽き)……適量
イタリアンパセリ……適量
マスタード(ディジョン)……適量

＊グラス・ド・ヴィアンドはなければ省いてもよい。

1. 牛ブリスケットは、塩をまぶして冷蔵庫に一晩おいて脱水し、崩れないようにひもでしばる。

2. ポワローは青い部分と白い部分に分け、縦に切り込みを入れてそれぞれをひもでしばる。

3. 鍋に1と2、Aと分量の水を入れて火にかける(写真ⓐ)。煮汁が沸いたら紙蓋をし(写真ⓑ)、静かにフツフツという火加減で3時間以上煮込む。水分量は具材がかぶるくらいをキープ。減ってきたら適宜、水(分量外)を足す。

4. 煮上がったら(写真ⓒ)肉とポワローを取り出し、ひもを外して適当な大きさに切る。器に盛ってスープを張り、肉の断面に粗塩と粗挽きの白コショウを振り、イタリアンパセリとマスタードを添える。

バリエーション 4
スープ・煮込み

ミロトン
Miroton

本来は、ポトフで残った肉に野菜を足して煮返す、フランスの素朴な家庭料理だが、ここでは大ぶりに切った牛ホホ肉を使った。他の煮込みと比べると煮汁が少ないが、たっぷりの野菜で肉をサンドすることで、野菜から水分が出てじっくりと蒸し煮ができる。くたくたの甘い野菜と、ホホ肉のゼラチン質が溶け合う、地味だがしみじみとおいしい一品。こうした料理のよさを、忘れずにいたい。

材料（作りやすい分量）

牛ホホ肉(塊)……650g
塩……8g(肉の重量の1.3%)
玉ネギ(2cm角に切る)……400g
ニンニク(皮をむく)……1片
ポワロー(青い部分を2cm角に切る)……150g
マッシュルーム……120g

A ┌ ミニトマト(ヘタを取り丸ごと)……500g
　├ ピクルス(ガーキン。2cm角に切る)……300g
　├ タイム(ひもでしばる)……5枝
　├ ローリエ……1枚
　├ 白粒コショウ(だし用パックなどの袋に入れる)……小さじ1
　├ 白ワイン……300ml
　└ グラス・ド・ヴィアンド(p.068参照)……100g

バター……30g
オリーブオイル……大さじ2

エストラゴン(葉)……少量

1. 牛ホホ肉は、塩をまぶして冷蔵庫に一晩おいて脱水し、4等分に切る。

2. 鍋にオリーブオイルを入れて熱し、1を焼く(写真ⓐ)。しっかりと焼き色がついたら(写真ⓑ)いったん取り出す。

3. 空いた鍋にバターと玉ネギ、ニンニクを入れ、塩少量(分量外)をしてスュエする。しんなりとしたらポワローを入れ、ざっとなじませたらしばらく蓋をし、しんなりとしたらマッシュルームを入れて全体を混ぜてなじませる。

4. 3に2の肉を戻し入れ(写真ⓒ)、Aをすべて入れる(写真ⓓ)。煮汁が沸いたら蓋をし、200℃のオーブンに入れ、ようすを見ながら2〜3時間煮込む。直火で煮込んでもよい。

5. 煮上がったミロトン(写真ⓔ)は陶器のポットに入れ、煮立たせてエストラゴンの葉を散らし、サーブする。

107

ボルシチはビーツを食べる料理だ。ビーツの甘さとほっくり感がしみ出したスープの下支えとして、牛肉の存在があると考える。あれこれと具を入れず、丸ごとのビーツと塊のままのホホ肉を煮込み、盛り付けはすっきりと。本来、大鍋で大量に作る料理をミニマムにすることで、クラシックな皿をスタイリッシュに仕立てる。

材料(作りやすい分量)

牛ホホ肉(塊)……500g
塩……7.5g(肉の重量の1.5％)
ビーツ(皮をむいて丸ごと)
　……計1kg(約3個分)
A ┌ ポワロー(ひもでしばる)
　│　……100g
　│ マッシュルーム……10個
　│ タイム(ひもでしばる)……10枝
　│ ローリエ……2枚
　│ フェンネル(シード)
　│　……ひとつまみ
　│ 白粒コショウ(フェンネルととも
　│　もに、だし用パックなどの袋
　│　に入れる)……10粒
　└ グラス・ド・ヴィアンド
　　(p.068参照)……100g
水……適量(約1.5ℓ)

仕上げ

ディル(シズレに切る)……適量
サワークリーム……適量

＊グラス・ド・ヴィアンドはなければ省いてもよい。

1 牛ホホ肉は、塩をまぶして冷蔵庫に一晩おいて脱水させる。

2 鍋に1の牛ホホ肉を切らずに入れ、ビーツを入れる。Aの材料をすべて入れ、かぶるくらいの水を入れて火にかける(写真ⓐ)。沸いたらアクを取り、紙蓋をして弱火で約3時間半を目安に煮込む。途中、水分が減りすぎたら適宜、水を足す。

3 煮上がったら(写真ⓑ)肉とビーツを取り出し、大きめのキューブに切って皿に盛り、スープを張る。ディルとサワークリームを添える。

ⓐ

ⓑ

ブランケット・ド・ヴォー

バリエーション 4
スープ・煮込み

仔牛肉のほろほろとほどけるような柔らかさと優しい甘みに、バターとクリームの風味が寄り添う。小麦粉ははじめに肉に薄くファリネしただけでサンジェもしないので、思いのほか軽い仕上がりに驚くはずだ。仕上げに卵黄でソースに濃度をつける、クラシックな方法も覚えておきたい。

Blanquette de veau

使用した牛肉

フランス産の仔牛バラ肉を使用。下記のプロセスで一晩塩をしたものは、脱水して赤みが増しているが、生の状態はきれいなピンク色。国産のものよりもミルキーな風味が強く、バターやクリームと相性がよい。煮込みには、長時間加熱してとろとろの柔らかさとなるバラ肉が最適。

材料(作りやすい分量)

仔牛バラ肉(塊)……2.7kg
塩……32g(肉の重量の1.2%)
ニンニク(皮つき)……1片
タイム……20枝
ローリエ……1枚
グラス・ド・ヴィアンド(p.068参照)
　……100g
生クリーム(乳脂肪分47%)……400ml
小麦粉……適量
バター……50g
水……適量(約1.5ℓ)

仕上げ

卵黄……2個分
A ┏ ニンジン(プチ・デに切る)……適量
　┣ セロリ(プチ・デに切る)……適量
　┗ インゲン(長さ5mmに切る)……適量

＊タイム20枝はポワローの表皮で巻き、ひもでしばる。

1　仔牛バラ肉は塩を全体にまぶし、冷蔵庫に一晩おいて脱水させる(写真ⓐ)。

2　1を10cm角に切り、小麦粉を薄くはたく。フライパンにバターを入れて弱火にかけ、ジュクジュクとしてきたら肉を並べる(写真ⓑ)。

3　静かにジワジワという火加減で、表面の粉に火を入れるイメージで焼き、うっすらと色がついたら裏返す(写真ⓒ)。全面を焦さないように焼いたら、ザルに上げて脂をきる(写真ⓓ)。

4　フライパンに残った脂をペーパーで押さえて取り、水適量(分量外)を入れてデグラッセする(写真ⓔ)。

5　鍋に3の肉とニンニク、タイム、ローリエとグラス・ド・ヴィアンド、4でデグラッセした水を入れ、水適量(約1.5ℓ)を注いで肉がかぶる程度に調整して火にかける(写真ⓕ)。

(次頁に続く)

6 沸いたらアクをとり、紙蓋をして弱火で3〜4時間を目安に煮込む。加熱時間は肉質や厚みにもよるので、状態を見ながら、煮込みすぎないように注意する。

7 煮込み上がりの肉は、形をとどめつつ、フルフルと柔らかい状態。崩れないように取り出す（写真❻）。その他のハーブ類も香りを出し切ったのでここで取り出す。

8 7の煮汁を別鍋に漉し入れ（写真❽）、残った細かい肉などの固形物はミキサーにかけてペースト状にする。

9 煮汁を入れた鍋を火にかけて生クリームを入れ（写真❾）、8のペーストも溶かし込んでなじませる（写真❿）。ここまででベースは完成。取り出した肉とは別々にスタンバイする。

10 提供ごとに仕上げをする。ボウルに卵黄を入れ、9の煮汁から適量（約800ml）を入れて溶き混ぜたら（写真❿）、小鍋に移して弱火にかける。マリーズで底から混ぜながら少しずつとろみをつける（写真❶）。火にかけすぎると卵黄が固まるので注意する。クレーム・アングレーズ状になったら、7で取りおいた肉を適量入れて温める。

11 Aの野菜をゆでて皿に敷き、10の肉をのせてソースをかける。

Blanquette de veau

ソース・エスパニョール
Sauce Espagnol

さまざまなソースの軸となる、フランス料理の基本ソース。デミグラスソースのベースになるものだが、現代的なフランス料理の店では、作るところはほとんどないのではと思う。この古典的なソースを、今の時代に合わせて自分なりにブラッシュアップした。野菜の香りと甘みを引き立たせ、小麦粉でルウは作らずサンジェで軽やかに仕上げる。この後のビーフカレーのベースとして使用したほか、これをさらに焦がしてハッシュドビーフにアレンジした。本来は、ソース・エスパニョール単体で使うことはないが、このソースなら塩で調味してオムレツや揚げ物のソースとしても使用できる。

材料(作りやすい分量)

- A
  - ポワロー(青い部分)……60g
  - 玉ネギ……250g
  - ニンジン……130g
  - セロリ……10g
- ニンニク(みじん切り)……1片分
- 小麦粉……30g
- 白ワイン……300ml
- B
  - ホールトマト(パッセする)……400g
  - グラス・ド・ヴィアンド(p.068参照)……100g
  - タイム(ひもでしばる)……10枝
  - ローリエ……1枚
- バター……30g
- オリーブオイル……大さじ2
- 塩……小さじ1/4

＊Aの野菜類はすべてプチ・デに切る。
＊ビーフフレーバーオイル(p.069参照)や、フォンの材料を焼いた際に出る脂などがあれば、オリーブオイルの代わりに使うとよい。

1 鍋にバターとオリーブオイルを入れて火にかけ、ニンニクを入れる。香りが出たらAを入れ、塩をして鍋全体に広げ、しばらく触らずに加熱する。

2 野菜が温まったら全体を混ぜ、甘い香りが立ってくるまでスュエする。

3 小麦粉を入れて混ぜ、弱火で焦がさないように炒めて粉けをとばす(写真ⓐ)。

4 白ワインを入れてアルコールをとばしてから(写真ⓑ)、Bの材料を入れる(写真ⓒ)。沸騰したら火を弱めて30分ほど煮込み(写真ⓓ)、パッセして使う。このままソースにする場合は塩(分量外)で味を調える。

バリエーション 4
スープ・煮込み

ビーフカレー

Bœuf au curry

ソース・エスパニョールが味の骨格を作る欧風カレーだが、小麦粉を使わないので胃にドスンとくるような重たさはない。「マルディ グラ」で常備している野菜のカレーベースと合わせ、優しいコクの中に牛肉の旨味が溶け出したソースに仕上げた。牛肉は切り落としを使ったが、和牛100%で贅沢に作るのもいいだろう。

材料(作りやすい分量)

牛切り落とし肉……500g
塩……5.5g(肉の重量の1.1%)
コショウ……適量
マッシュルーム(厚めにスライス)
　……100g
カレー粉(市販品)……大さじ1
A ┌ ソース・エスパニョール
　　　(p.113参照)……300g
　　自家製カレーベース
　　　(右記参照)……300g
　　グラス・ド・ヴィアンド
　　　(p.068参照)……200g
　└ リンゴのジャム……大さじ1
バター……30g

仕上げ

ご飯……適量
グラナ・パダーノ・チーズ
　(すりおろす)……適量
ピクルス(ガーキン)……適量
イタリアンパセリ……適量

＊牛切り落とし肉は和牛イチボを中心に、US産サーロイン、ハラミを混ぜて使用した。
＊リンゴのジャムの代わりにマンゴーチャツネなどを使用してもよい。

自家製カレーベース
材料(作りやすい分量)

玉ネギ……400g
ニンニク……1片
ショウガ……10g
ニンジン……180g
セロリ……20g
カレー粉(市販品)……大さじ1
塩……小さじ1/2
オリーブオイル……大さじ2
水……500ml

1　野菜類はすべてみじん切りにする。

2　鍋にオリーブオイルを入れて火にかけ、1と塩を入れてスュエする。しんなりとしたらカレー粉と分量の水を入れ、汁けがなくなる手前まで煮る。

1　牛切り落とし肉に塩、コショウをする(写真ⓐ)。

2　鍋にバターを入れて熱し、1を焼き色がつくまで焼く(写真ⓑ)。脂がたっぷりとしみ出てくるので、いったんザルに上げて脂をきり(写真ⓒ)、再び肉を鍋に戻してしっかりとリソレする。
（次頁に続く）

115

3 2にマッシュルームを入れて混ぜ、なじんだらカレー粉を入れて混ぜる（写真**d**）。Aを入れて混ぜ（写真**e**〜**h**）、沸いたら弱火にして蓋をし、1時間煮込む（写真**i**）。オーブンで加熱してもよい。味をみて、塩（分量外）で調える。

4 皿にご飯を盛り、カレーをかける。ご飯にチーズを振り、ピクルスとイタリアンパセリを添える。

Bœuf au curry

スパイスカレー
Spice curry

バリエーション 4
スープ・煮込み

昨今、人気のスパイスカレーを和知流にアレンジ。スリランカで味わった、深くローストしたカレーパウダーからイメージを膨らませ、香ばしいスパイスオイルを作った。これは、そのままでもスパイシーなコンディモンとして使用できる。一見、野菜カレーだが、黒コショウのシャープな辛味に牛肉のエッセンスが重なり合う。仕上げのきび砂糖が全体のまとめ役。

Spice curry

材料(作りやすい分量)

A ┬ 玉ネギ(みじん切り)……400g
  │ ニンニク(みじん切り)……1片分
  │ ショウガ(みじん切り)……10g
  │ ニンジン(みじん切り)……180g
  └ セロリ(みじん切り)……20g

B ┬ 黒粒コショウ……大さじ2
  │ クミン(シード)……大さじ2
  │ 赤唐辛子……1本
  │ カルダモン……4粒
  │ コリアンダー(シード)……小さじ1
  │ フェンネル(シード)……小さじ1
  └ マスタード(シード)……小さじ1

グラス・ド・ヴィアンド(p.068参照)……200g
ビーフフレーバーオイル(p.069参照)……大さじ6
きび砂糖……小さじ1〜2
塩……適量

仕上げ

ご飯……適量
クミン(パウダー)……適量
ディル……適量

*ビーフフレーバーオイルの代わりにオリーブオイルを使用してもよい。

1. 鍋にビーフフレーバーオイル大さじ2を入れて熱し、Aを入れる。塩ひとつまみを振り、しんなりとするまでスュエする(写真ⓐ)。

2. フライパンにBのスパイスを入れ、中火で焦がさないように乾煎りする。クミンやフェンネルの香りが立ってきたら、ビーフフレーバーオイル大さじ4を入れてアンフュゼする(写真ⓑ)。スパイスがうっすらと色づき、マスタードシードが弾けてきたら火からおろし(写真ⓒ)、ミキサーにかけて液状にする。

3. 1の鍋に2を入れて(写真ⓓ)混ぜたところへ、グラス・ド・ヴィアンドを入れる(写真ⓔ)。水分量がひたひたに足りないようなら、適宜、水を足す。沸いたら蓋をし、200℃のオーブンまたは直火で30分煮る。

4. 煮上がりは汁けがあまりない状態(写真ⓕ)。きび砂糖と塩で味を調える。

5. 皿にご飯を盛り、カレーをかける。ご飯の上にクミンを振り、ディルを添える。

ハッシュドビーフ

バリエーション 4
スープ・煮込み

Hashed beef

p.113で紹介しているソース・エスパニョールを、途中からオーブンでじっくりと焦がして使っている。洋食店で味わうデミグラスソースとは、まったく別のアプローチで作るハッシュドビーフだ。甘みを残しつつ、ビターな風味のソースにマデラ酒が香り、和牛が香る。ブラックココアの隠し味もポイントだ。リッチな仕立てだが、さらりと食べられるのもいい。

ソース・エスパニョール(黒)
材料(作りやすい分量)

p.113のソース・エスパニョールの材料 ……全量
ブラックココアパウダー……大さじ1

＊ブラックココアパウダーは、通常のココアパウダーより黒く、竹炭などと同様に生地などを真っ黒に仕上げたい場合に用いられる。苦味はあるが、ココアの香りはそれほど強くない。製菓材料店で入手可能。

1 p.113の作り方1、2に沿って作業し、3のように小麦粉を入れて全体を混ぜたら、250℃のオーブンで45分焼く。最初は10分ごとに2回取り出して混ぜ、その後は5分ごとに取り出して混ぜながら、真っ黒に焼けるまで加熱する(写真❶)。

2 オーブンから出して直火にかけ、白ワインを入れて沸騰させ、アルコールをとばす(写真❶)。続いてBの材料とブラックココアパウダーを入れ(写真❶❶❶)、沸騰したら火を弱め、30分ほど煮込んでからパッセする。

バリエーション 4
スープ・煮込み

材料(作りやすい分量)

牛切り落とし肉(和牛イチボ)
　……500g
A―塩……5g(肉の重量の1%)
玉ネギ(薄切り)……250g
マッシュルーム(薄くスライス)
　……100g
マデラ酒……200ml
B ┌ グラス・ド・ヴィアンド
　│　(p.068参照)……200g
　└ ソース・エスパニョール
　　　(黒。前頁参照)……250g
バター……30g
塩……小さじ1/2

仕上げ

ご飯……適量
グリーンピース(ゆでる)……適量

1　牛切り落とし肉は大きければスライスし、Aの塩をする(写真f)。

2　鍋にバターを入れて火にかけ、玉ネギと塩小さじ1/2を入れて炒める。蓋をして蒸らしながら、薄いきつね色になるまでしっかりと炒めて甘みを出す(写真g)。

3　2に1とマッシュルームを入れて炒め合わせる(写真h)。柔らかくサシのある和牛なので、リソレはしなくてよい。

4　ある程度火が通ったらマデラ酒を入れる。いったん沸いてアルコールがとんだらBを入れてなじませ(写真i)、蓋をして200℃のオーブンに入れ、ようすを見ながら1時間～1時間半煮込む(写真j)。直火で煮てもよい。

5　皿にご飯を盛り、ハッシュドビーフをかけ、グリーンピースを散らす。

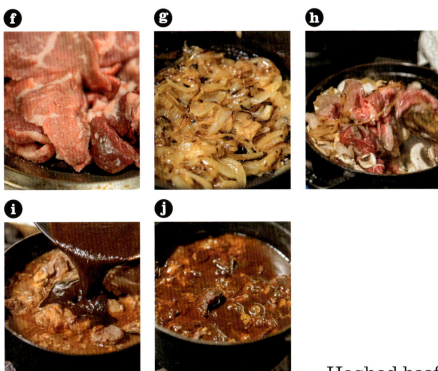

Hashed beef

ウズベキスタンなど中央アジアで親しまれ、ラーメンのルーツともいわれる料理。本来は羊肉で作り、だしも入れないのだが、牛の切り落とし肉とグラス・ド・ヴィアンドを使って、羊肉よりもさっぱりとした味に仕立てた。合わせる麺は、提供のたびに手びねりしてゆでるため手間がかかるが、この素朴な風合いの麺がよく合うのだ。

材料（作りやすい分量）

牛切り落とし肉……500g
A ┌ 塩……5.5g（肉の重量の1.1%）
　└ クミン（パウダー）……小さじ1
ニンニク（半割り）……1片分
玉ネギ（くし形切り）……350g
パプリカ（赤、黄。大きめの乱切り）
　……各1個分
ホールトマト（パッセする）
　……800g
グラス・ド・ヴィアンド
　（p.068参照）……100g

オリーブオイル……大さじ3
塩……適量

仕上げ

ラグマンの麺（p.124参照）
　……適量
クミン（パウダー）……適量
香菜……適量

＊牛切り落とし肉はUS産サーロイン、ハラミ、ハツなどを混ぜて使用した。

1　牛切り落とし肉は、スジの多いところは薄め、柔らかいところは大きく切り（写真ⓐ）、Aの塩とクミンをまぶす。

2　鍋にオリーブオイル大さじ2とニンニクを入れて火にかけ、香りが立ったら玉ネギ、パプリカを入れる。塩小さじ1/2を入れてしっかりと炒め、甘みを引き出したらいったん鍋から取り出す。

3　空いた鍋にオリーブオイル大さじ1を入れて熱し、1の肉を焼く（写真ⓑ）。焼き色がついたら2を戻し入れ（写真ⓒ）、ホールトマトとグラス・ド・ヴィアンドを入れる（写真ⓓⓔ）。軽く塩をしてなじませ、沸いたら蓋をして200℃のオーブンで1時間煮る。直火で煮込んでもよい。

4　鍋に3のラグマンのソースを適量入れて温め、湯通しして温めた麺を適量入れる。クミンを入れてよく和える。

5　皿に盛り、香菜を散らしてクミンを振る。

ラグマンの麺
Nouilles de Lagman

現地では両手で麺の端を持ち、引っ張ったりたたいたりしながら驚くほど長くのばすのだが、熟練を要するので店で出すときには両手ですり合わせるようにしている。無骨ではあるが、ソースがよくからむ。

材料(作りやすい分量)

中力粉(うどん用の地粉)……300g

塩……12g

水……140g

打ち粉(片栗粉)……適量

1　中力粉と塩、分量の水をミキサーでこねて生地を作り、乾かないようにしてやすませる。

2　1に打ち粉をして3mmほどの厚さに麺棒でのばし、たたんで1cm幅に切る。

3　2を1本ずつ両手ですり合わせながら手びねりし、麺を作る(写真ⓐⓑ)。

4　たっぷりの湯を沸かし、3を20分ゆでる。流水で洗って締め、ぬめりを取ったら、再度湯通しして使う。

Lagman

ラーメン
Ramen

バリエーション 4
スープ・煮込み

ラーメン作りがおもしろく、ときどき店で出したりもしている。スープに牛肉を使う場合、グラス・ド・ヴィアンドだけでは濃厚すぎて麺と合わせづらいので、豚ゲンコツとひね鶏、野菜で、ジュ・ド・プーレをとるようにゆっくり2日かけてとったクリアなスープと合わせた。これにスターアニスが香る牛ホホ肉のチャーシューのタレと、炒めたポワローと生ハムで風味づけをしている。フランス料理の技法をベースに、香港の路地裏で食べられそうな一杯ができた。

材料(作りやすい分量)

牛ホホ肉のチャーシュー

- 牛ホホ肉(塊)……500g
- 塩……7.5g(肉の重量の1.5%)
- A
  - ニンニク(スライス)……1片分
  - ショウガ(スライス)……10g
  - シナモン(スティック)……1本
  - スターアニス……3個
  - きび砂糖……大さじ6
  - シーズニングソース……100ml
  - 水……600ml

豚ゲンコツとひね鶏のスープ

- 豚ゲンコツ……3本分
- ひね鶏……2kg
- B
  - 玉ネギ(皮をむいて芯を取る)……3個分
  - ニンニク(横半分に切る)……2株分
  - ショウガ(スライス)……10g
  - 長ネギ(適当な長さに切る)……1本分
  - ニンジン(半分に切る)……1本分
  - リンゴ……1個

仕上げ

- グラス・ド・ヴィアンド(p.068参照)……200g
- 豚ゲンコツとひね鶏のスープ……800ml
- ポワロー(2cm角に切る)……100g
- 生ハム(イベリコ・ベジョータ。粗く刻む)……40g
- 牛ホホ肉のチャーシューのタレ……大さじ1
- 薄口醤油……小さじ1〜1 ½
- ビーフフレーバーオイル(p.069参照)……大さじ3
- 中華麺……適量
- 牛ホホ肉のチャーシュー……適量
- シブレット……適量

＊ビーフフレーバーオイルがない場合は、胡麻油など他の風味のよい植物油を使用する。

バリエーション 4 スープ・煮込み

牛ホホ肉のチャーシューを作る

1. 牛ホホ肉は塩をまぶして冷蔵庫に一晩おき、蒸し器で蒸して、中まで柔らかく火を通す。

2. 鍋にAの材料をすべて入れて沸かし、1を熱いうちに入れてそのまま冷ます（写真ⓐ）。

豚ゲンコツとひね鶏のスープを作る

3. 寸胴鍋にBの材料をすべて入れ、かぶるくらいの水を入れて火にかける。

4. 沸いたら弱火にし、アクが浮いたら取りながら、液面が静かにポコッとするくらいの火加減を保ちながら（写真ⓑ）、ゆっくりと2日かけてスープをとる。七割程度まで煮詰まり、豚ゲンコツとひね鶏、野菜のエッセンスが十分に引き出されたら、ベースとなるスープの完成（写真ⓒ）。
   ＊使用するときに必要量を漉す。

ラーメンを仕上げる

5. 鍋にグラス・ド・ヴィアンドと豚ゲンコツとひね鶏のスープを合わせて温める。

6. フライパンにビーフフレーバーオイル大さじ2を入れて熱し、ポワローと生ハムを香ばしく炒め、5に入れる。弱火で10分ほど煮てスープとなじませる。

7. 仕上げに牛ホホ肉のチャーシューのタレとビーフフレーバーオイル大さじ1、薄口醤油を入れる（写真ⓓⓔ）。薄口醤油の量は塩分をみながら調整を。

8. 丼に7のスープを漉し入れて、ゆでたての中華麺を入れ、牛ホホ肉のチャーシューのスライスとシブレットを添える。

Ramen

ⓐ

ⓑ

ⓒ

ⓓ

ⓔ

バリエーション 4
スープ・煮込み

Corned beef
コーンビーフ

塩とスパイスをまぶして1週間おいたブリスケットを、また新たなスパイスを入れた鍋で、ゆっくりと時間をかけて煮る。旨味の濃い肉に、パストラミのような香りと熟れた塩けがプラスされ、味わい深い一品に。パサつきやすいので、煮汁の脂を混ぜ込んでしっとりとさせると食べやすい。

使用した牛肉

US産のブリスケットを使用。
肩バラの固い部位だが
濃厚な味わいが楽しめる。
繊維が太くしっかりとしているので、
コーンビーフのようにほぐして
食べる料理には最適。

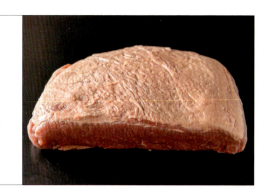

材料(作りやすい分量)

牛ブリスケット(塊)……1.7kg
塩……28g(肉の重量の1.7%)

A ─ 玉ネギ(横に3等分に切る)
　　　……1個分
　　ニンニク(半割り)……1片分
　　ローズマリー……2枝
　　クローブ……5粒
　└ クミン(シード)……小さじ1

B ─ 黒粒コショウ……小さじ1
　　赤唐辛子……1本
　　クローブ……3粒
　　クミン(シード)……大さじ1
　　オールスパイス(ホール)
　└ 　　……小さじ1/2

ニンニク(皮をむく)……10片
粗塩(ゲランド)……約小さじ1
水……適量(約1ℓ)

仕上げ

パン・ド・カンパーニュ……適量
ピクルス(ガーキン)……適量
コショウ……適量

＊Bのスパイス類はすべて
　袋(だし用パックなど)に入れる。

1 牛ブリスケットに塩をまぶし、Aをのせて真空用袋に入れて真空にする(写真ⓐⓑ)。冷蔵庫で1週間漬け込む。

2 1週間後(写真ⓒ)。表面の野菜とハーブ、スパイスは風味を出し切ったので取り除く(写真ⓓ)。
(次頁に続く)

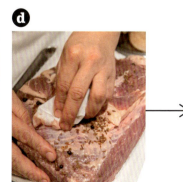

3　鍋に肉とB、ニンニクを入れ、水適量（かぶる程度）を注いで強火にかける（写真e）。沸いたら弱火にしてアクが浮いたら取る（写真f）。この際、浮いてきた脂は取らないようにする。

4　肉にした塩は煮汁に出てしまうので、補う意味で粗塩を水1ℓに対して小さじ1入れる（写真g）。200℃のオーブンまたは直火で3時間を目安に煮る。

5　4の粗熱がとれたら、肉を取り出して手でほぐす（写真h i j）。繊維が長いので適当な長さに刻み、煮汁に浮いた脂を適量混ぜ込んでしっとりさせる（写真k l）。

6　皿にパン・ド・カンパーニュとコーンビーフを盛り、コショウを振ってピクルスを添える。

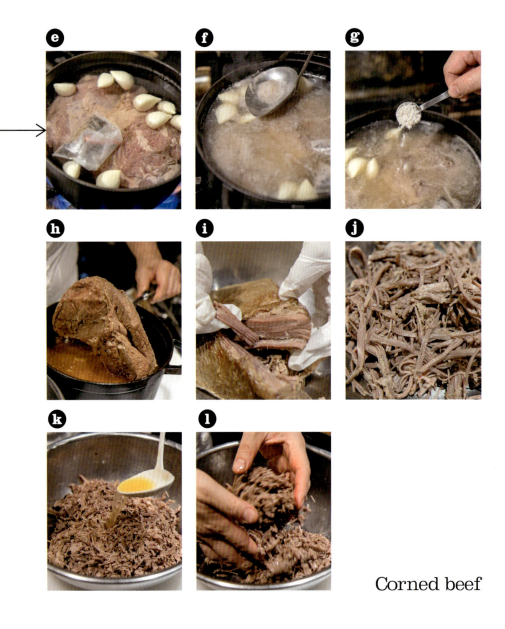

Corned beef

ビーフフレーバーアイスクリーム
Beef flavored ice cream

本書のために牛肉料理のメニューをいろいろと考える中で、何かデザートはできないだろうか？と考え思いついたのが、このビーフフレーバーアイスクリームだ。まず、グラス・ド・ヴィアンドとオレンジジュースを使ったガストリックを作り、それをアイスクリームに混ぜ込み、仕上げにもかける。ああ、フォンが入っているんだ、くらいの目立たせない使い方がポイント。見た目はシンプルだが、フォンと牛乳のトータルで牛を表現した一品だ。

材料(作りやすい分量)

A
- 牛乳……250ml
- 生クリーム……110ml
- 卵黄……4個分
- きび砂糖……100g
- グランマルニエ……大さじ3

ガストリック
- きび砂糖……80g
- オレンジジュース……150ml
- グラス・ド・ヴィアンド(p.068参照)……50g
- きび砂糖(追加用)……50g

＊オレンジジュースはプレッセよりも濃縮果汁還元タイプのほうが合う。

1　ガストリックを作る。鍋にきび砂糖80gを入れて火にかけ、触らずに加熱し、キャラメリゼする。

2　しっかりとキャラメリゼして1〜2分経ったところでオレンジジュースを入れる。全体がなじんだらグラス・ド・ヴィアンドを入れ、1〜2割ほど煮詰めてから追加用のきび砂糖を入れてなじませる。

3　アイスクリームを作る。アイスクリーマーにAを入れ、アイスクリームのベースを練り上げたところでガストリック大さじ3を入れて再度練り合わせる。

4　アイスクリームをすくって皿に盛り、ガストリックを適量たらす。

バリエーション 5
薄切り肉・端肉を使った料理

私が基礎を積んできたフランス料理では、薄切り肉を扱うことはなく、店での日々の仕事の中でも、端肉を集めて何かの料理に仕立てることはないのだが、これを自分が調理したらどうなるか？ さまざまな国の料理や技法、エッセンスを取り入れながら、和知流にアレンジをしてみた。

肉屋の賄いの一皿

The Butcher's lunch

肉屋の賄いの一皿

バリエーション 5
薄切り肉・端肉を使った料理

和牛と醤油の相性は言わずもがな。ただ、醤油を立たせすぎるとすき焼きや照り焼きのようになってしまうので、甘みを入れずグラス・ド・ヴィアンドの濃厚な旨味をベースにした醤油ソースで、あくまでフレンチ仕立てにした。肉を食べるなら野菜もしっかり摂ろう、の思いを込めて、たっぷりのクリュディテを添えた一皿。

材料（作りやすい分量）

牛リブロース薄切り（黒毛和牛）……150g
塩……1.2g（肉の重量の0.8%）
コショウ……適量
醤油ソース（p.080参照）……25ml
バター……15g

つけ合わせ

5種類のクリュディテ（次頁参照）……各適量

1. 薄切り肉を広げて塩を振り、コショウをしっかりと振る。

2. フライパンを熱してバターを入れ、1を重ならないように並べる。

3. そのまま動かさずに焼き（写真 ⓐ）、下の面にカリッと香ばしい焼き色がついたら醤油ソースを入れ（写真 ⓑ）、下の面にだけからめて取り出す（写真 ⓒⓓ）。

盛付け

3の肉を5種類のクリュディテとともに、器に盛り付ける。

[肉屋の賄いの一皿]
つけ合わせ （5種類のクリュディテ）

●ニンジン
材料(作りやすい分量)
ニンジン(千切り)……150g
塩……小さじ1/4
グラニュー糖……小さじ1/4
白コショウ……少量
シェリーヴィネガー……大さじ1
イタリアンパセリ(みじん切り)
　……適量
ひまわり油……大さじ2

1　ボウルにニンジンを入れ、その他の材料を入れてよく和える。

●紫キャベツ
材料(作りやすい分量)
紫キャベツ(千切り)……150g
塩……小さじ1/4
白コショウ……少量
フェンネル(パウダー)……少量
ディル(みじん切り)……3〜4本分
マヨネーズ……大さじ4

1　ボウルに紫キャベツを入れ、その他の材料を入れてよく和える。

●セロリラブ
材料(作りやすい分量)
セロリラブ(千切り)……150g
塩……小さじ1/4
白コショウ……少量
クミン(パウダー)……少量
レモン果汁……小さじ1
マヨネーズ……大さじ4

1　ボウルにセロリラブを入れ、その他の材料を入れてよく和える。

●インゲン
材料(作りやすい分量)
インゲン……80g
塩……ひとつまみ
白コショウ……少量
エシャロット(みじん切り)……小さじ1
シェリーヴィネガー……小さじ1
クルミオイル……小さじ2

1　インゲンは先を落とし、切らずにゆでてボウルに入れ、その他の材料を入れてよく和える。

●ジャガイモ
材料(作りやすい分量)
ジャガイモ……300g
塩……小さじ1/2
白コショウ……少量
グラニュー糖……小さじ1/4
シェリーヴィネガー……小さじ1/4
オリーブオイル……小さじ1/4
マスタード(ディジョン)
　……大さじ1
マヨネーズ……大さじ5〜6
ケイパー……20粒
スタッフドオリーブ(パプリカ入り)
　……6粒

1　ジャガイモはゆでて皮をむく。ボウルに入れ、粗くつぶしながら調味料をすべて混ぜたところへ、ケイパーと半割りにしたスタッフドオリーブを混ぜる。

The Butcher's lunch

バリエーション 5
薄切り肉・端肉を使った料理

ローズマリーの
エスプターダ

Espetada

ポルトガルで肉や魚介、野菜の串焼きをエスプターダという。これは串の代わりにローズマリーの枝に肉を巻きつけたオリジナル。和牛香にローズマリーの爽やかな香り、マデラ酒の風味が加わり、シンプルだが洒落た味わいになる。フライパンで一気に仕上げたが、炭火で焼いてもいいだろう。

材料(8本分)

牛リブロース薄切り(しゃぶしゃぶ用。
　黒毛和牛)……8枚(1枚35g見当)
ローズマリー……16枝
塩……肉の重量の0.8%
コショウ……適量
小麦粉……適量
マデラ酒……少量
オリーブオイル……大さじ1

ミニョネット……適量

1. 肉を広げ、肉1枚につきローズマリー2枝を端に置き、ローズマリーの先端が出るように肉を巻きつける(写真ⓐ)。

2. 1の全体に塩、コショウを振り、小麦粉を薄くはたく。

3. フライパンにオリーブオイルを入れて火にかけ、うっすら煙が立つくらいに熱したら、2を並べる(写真ⓑ)。

4. 動かさずに焼き、底面に焼き色がついたら、長さのあるターナーを使い一気に裏返し(写真ⓒ)、すぐにマデラ酒を振って(写真ⓓ)アルコールをとばし、火を止める。

5. 器に盛り、ミニョネットを振る。

バリエーション 5 薄切り肉・端肉を使った料理

牛肉のギャレット ポルトソース

Galette de bœuf sauce au porto

しゃぶしゃぶ用の薄切り肉を丸く型取り、ギャレット仕立てにする。カリッと香ばしい表面を割ると、中心は少し赤みが残る柔らかい口当たり。肉をたたいてステック・アッシェを作るよりも手軽に作れる。フェイクなおもしろさを出すために、ところどころに牛脂を差し込んだが、サシの多い肉なら省いてもかまわない。

材料(2枚分)

牛肩ロース薄切り(しゃぶしゃぶ用。
　黒毛和牛)……350g
塩……2.8g(肉の重量の0.8%)
コショウ……適量
玉ネギ(すりおろす)……3g
オリーブオイル……小さじ3
牛脂(粗く刻む)……少量
ビーフフレーバーオイル(p.069参照)
　……適量

仕上げ

ルビーポートソース(p.079参照)
　……適量
粗塩(ゲランド)……適量
ミニョネット……適量
クレソン……適量

＊直径120mmのセルクル型を使用。
＊ビーフフレーバーオイルの代わりに、
　オリーブオイルを使用してもよい。

1 肉を広げて塩、コショウを振ったところへ、玉ネギとオリーブオイルを手で薄くまぶしつける。

2 皿にオリーブオイル(分量外)を薄く塗ってセルクル型を置き、1の半量を詰めたら(写真 ⓐ)、肉の表面をナイフの先で数ヵ所ピケし、牛脂を埋め込む(写真 ⓑ)。

3 フライパンにビーフフレーバーオイルを薄くひいて熱し、2の肉を、牛脂を埋め込んだ面を下にして入れる。中火でしばらく焼き(写真 ⓒ)、底面にしっかりと焼き色がついたらターナーで裏返す(写真 ⓓ)。

4 強火にしてもう片面も焼く(写真 ⓔ)。中心に少し赤みが残る状態で仕上げたいので、金串で確認。温まっていたら皿に取り、型を外す。

5 温めたルビーポートソースをかけ、粗塩とミニョネット、クレソンを添える。

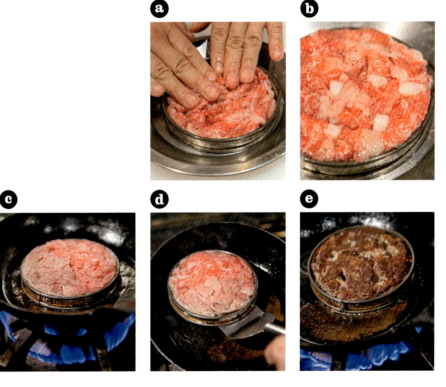

「マルディ グラ」で人気の羊肉のケバブを和牛でアレンジした。羊肉の場合は、クミンの風味をプラスしているが、牛肉にはあまり合わない。特に和牛の場合はできるだけシンプルにして、その香りを活かしたいと思う。サシが多いサンカクバラを使い、炭火で脂を落としたが、使う部位は好みでよい。

材料(1本分)

牛焼き肉用スライス(黒毛和牛。サンカクバラ)……280g
塩……2.2g(肉の重量の0.8%)
コショウ……適量

A
- ニンニク(すりおろす)……1/2片分
- マスタード(ディジョン)……30g
- ヨーグルト(無糖)……20g

つけ合わせ

トマト(角切り)……適量
赤玉ネギ(スライス)……適量
イタリアンパセリ(みじん切り)……適量
香菜(ざく切り)……適量
スマック……適量

*スマックはトルコなどでよく使われるスパイス。"ゆかり"のような爽やかな酸味が特徴。粉末が販売されている。
*炭火をおこして熾火の状態にし、炭から30cmほど高い位置にロストルや網などをセットし、十分に熱しておく。炭焼き台がない場合は、直火の上に遠火になるよう網をセットして焼く。

1 牛肉は判が大きければ4〜5cm角に切り、塩、コショウを振る。

2 Aを混ぜ合わせたものを1の片面に薄く塗りつけ、ケバブ用の金串に重ねて刺す(写真ⓐ)。

3 準備しておいた炭火の網にのせる(写真ⓑ)。しばらく動かさずに焼き、下面に香ばしい焼き色がついたら裏返してもう片面も焼く。中心まで火を入れなくてよい。外側と串の中間くらいまで火入れするイメージで、強めの遠火でカッと短時間に仕上げる。

4 皿に焼き上がったケバブをのせる。トマトと赤玉ネギ、イタリアンパセリを和えてのせ、スマックを振り、香菜を添える。

ⓐ

ⓑ

バリエーション 5
薄切り肉・端肉を使った料理

ビーフストロガノフ
Beef Stroganov

サシの入った焼き肉用のスライスをサッと煮込み、柔らかくも食べ応えのある一品に。仕上げに少量の葛粉でゆるくとろみをつけたのは、あまり重たくしたくないときに自分がよく使うやり方。サンジェするよりも軽やかで、ご飯との相性もいい。

材料(作りやすい分量)

牛焼き肉用スライス……400g

A ┌ 塩……3.2g(肉の重量の0.8%)
　└ 白コショウ……適量

玉ネギ(薄切り)……200g
マッシュルーム(5mmの厚さにスライス)
　……300g
タイム……3枝
グラス・ド・ヴィアンド(p.068参照)
　……100g
サワークリーム……200g
バター……30g
葛粉……適量
塩、白コショウ……各適量

ピラフ(右記参照)……適量

1　牛肉にAの塩、白コショウを振る。

2　鍋にバターを入れて弱火にかけ、溶けたら1を並べて火を強める。片面だけ薄く色がついたら、いったん取り出す。

3　空いた鍋に玉ネギを入れて塩小さじ1、白コショウ少量を入れ、バター、脂となじませるようにスュエする。しんなりとしたらマッシュルームを入れ、さらになじませる。

4　マッシュルームがしんなりとしたら2の牛肉を戻し入れ（写真ⓐ）、ひたひたの水（約1ℓ）、グラス・ド・ヴィアンド、タイムを入れる（写真ⓑ）。沸騰したら火を弱め、蓋をして1時間を目安に煮込む。

5　煮込み上がった鍋に、サワークリームを煮汁で溶きのばして入れ（写真ⓒ）、葛粉を水で溶いたものでゆるくとろみをつけ（写真ⓓ）、塩で味を調える。

6　皿にピラフを盛り、ビーフストロガノフをかける。

ピラフ

材料(作りやすい分量)

米……200g
玉ネギ(みじん切り)……100g

B ┌ グリーンピース……50g(正味)
　├ ニンジン(マセドワーヌに切る)
　│　……50g
　├ セロリラブ(マセドワーヌに切る)
　│　……50g
　└ インゲン(5mm幅に切る)……50g

バター……30g
ディル(葉をシズレに切る)……5g
塩……少量

＊ディルの軸は捨てずに取りおく。

1　鍋にバターを入れて熱し、玉ネギと塩少量を入れて焦がさないように炒める。しんなりとしたらBを入れてさっと炒め合わせ、米も加えて軽く混ぜてなじませたら、ディルの軸と水300mlを入れて蓋をする。沸いたら200℃のオーブンに入れ、15分炊く。炊き上がったら10分蒸らし、ディルの葉を加えて全体を混ぜる。

正確には薄切り肉でも端肉でもないのだが、たたきのばした薄い仔牛肉を、たっぷりのバターでサッとソテーする旨さも、味わってもらいたい。仔牛肉は中までしっかり火を通すが、この薄さならほんの数分。ノワゼットしはじめたバターの中で、香ばしく火入れをする。生ハムを重ねた面は、焼きすぎると生ハムが縮まり塩辛くなるので、数秒ですぐに引き上げるのがポイント。リッチな味わいに合わせ、ガルニチュールもサフランを贅沢に効かせたマカロニサラダにした。

材料（1枚分）

仔牛ヒレ肉……120g
塩……0.9g（肉の重量の0.8%）
白コショウ……少量
生ハム……1枚
セージ（葉）……小8～9枚
小麦粉……適量
バター……60g
白ワイン……50ml
グラス・ド・ヴィアンド（p.068参照）
　……10g

つけ合わせ

サフラン風味のマカロニサラダ
　（右記参照）……適量
イタリアンパセリ（シズレに切る）
　……適量

＊バターは50gと10gに分けておく。

1　仔牛ヒレ肉はラップフィルムで挟んで薄くたたきのばし、片面のみに塩、白コショウを振る。

2　1を裏返し、もう片面にセージをのせ、生ハムを貼りつける。中央に大きめのセージをのせて楊枝で留め（写真ⓐ）、小麦粉を薄くはたく。

3　フライパンにバター50gを入れて熱する。バターが徐々にノワゼットになってくるタイミングで、2を生ハムがついていない面を下にして入れ、火を強める（写真ⓑ）。

4　すぐにまわりが白くなり色もつきはじめるので、肉の縁の部分が茶色くなったら裏返し（写真ⓒ）、サッと焼いてすぐに引き上げる。

5　フライパンに残ったバターをペーパーで押さえて取り、白ワインを入れる。アルコールをとばしつつデグラッセし、半量まで詰めたらグラス・ド・ヴィアンドを入れる。バター10gを入れて弱火にし、フライパンをゆすって軽くとろみがついたら塩（分量外）で味を調える。

6　皿につけ合わせのマカロニサラダを盛ってイタリアンパセリを振り、4を楊枝を抜いてのせ、5のソースをかける。

サフラン風味のマカロニサラダ
材料（作りやすい分量）

パスタ（メッツォペンネ）……50g
サフランマヨネーズ（下記参照）
　……約100g

塩を加えた湯でパスタをゆでて粗熱をとり、サフランマヨネーズと和える。

サフランマヨネーズ
材料（作りやすい分量）

A ┌ 卵黄……1個
　│ マスタード（ディジョン）
　│ 　……大さじ山盛り3
　│ 塩……小さじ1/4
　└ コショウ……少量
サフラン……小さじ1/2
ビーフフレーバーオイル（p.069参照）
　……200ml

＊ビーフフレーバーオイルの代わりに
　ひまわりオイル、
　オリーブオイルでもよい。

1　サフランに水10mlを混ぜ、軽く電子レンジにかけて色を出す。

2　ボウルにAと1を入れて混ぜたところへ、ビーフフレーバーオイルを少しずつ加えながら、泡立て器で混ぜて乳化させる。

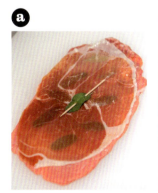
ⓐ

ⓑ

ⓒ

バリエーション 5
薄切り肉・端肉を使った料理

ビーフトルティージャ
Tortilla of beef

ジャガイモではなく、牛肉の切れ端をぎっしり詰めたトルティージャは、メイン級のボリューム。高さを出したいので卵液は2回に分けて焼き、双方を貼り合わせるようにして仕上げる。火入れが足りないと冷めてから中心が沈むので、中までしっかりと卵に火を入れて固めるのがポイントだ。

材料(作りやすい分量)

- 牛の端肉……150g
- A
  - 塩……1.5g(肉の重量の1%)
  - コショウ……少量
- 卵……5個(正味250g)
- 塩(卵用)……小さじ1/2
- 玉ネギ(薄切り)……100g
- ニンニク(粗みじん切り)……1/2片分
- パプリカパウダー(スモーク)……小さじ1/4
- オリーブオイル……大さじ3

＊直径16cmの鉄製フライパンを使用。
＊牛の端肉は、US産サーロイン、ハラミ、挽き肉を混ぜて使用した。大きいものは食べやすく切る。

1. 牛の端肉にAの塩、コショウを振る。ボウルに卵と塩を入れ、よく溶きほぐしておく。

2. フライパンにオリーブオイル大さじ1を入れて熱し、玉ネギとニンニクを炒める。しんなりとしたらフライパンの端に寄せ、空いたところに1の肉を入れる。そのまま軽く焼き、フライパンが再び温まったら炒め合わせる(写真**a**)。

3. ある程度炒めたら、パプリカパウダーを振り入れて合わせ(写真**b**)、香りが立ったらいったん取り出しておく。

4. 空いたフライパンにオリーブオイル大さじ1を入れて熱し、1の卵液の半量を流し入れる(写真**c**)。3も戻し入れ(写真**d**)、全体をならしながら焼く(写真**e**)。

5. 半熟状になったら、皿をかぶせて返し、いったん取り出す。

6. 空いたフライパンにオリーブオイル大さじ1を入れて熱し、残りの卵液を流し入れる。大きく混ぜ、底が固まったくらいで5を皿からスライドさせてのせる(写真**fg**)。

7. そのままアルミホイルをかぶせ(写真**h**)、200℃のオーブンに入れる。10分焼いたところで一度上下を返し(まだ卵が固まっていないので皿に返して戻す)、さらに10分焼く。串を刺してみて、卵液がついてこなければ焼き上がり。余熱でも火が入るのでそのまま落ち着かせる。

バリエーション5
薄切り肉・端肉を使った料理

ファヒータ

Fajita

本来は牛肉を玉ネギやピーマンなどと焼き、トルティーヤで包んで食べるものだが、ここではよりシンプルに、牛肉だけをテキーラの風味づけで焼いた。トウモロコシ粉で作るトルティーヤの香ばしさ、フレッシュなサルサと合わせると、素朴だが味わい深く、食べる手が止まらなくなる。

材料(作りやすい分量)

牛の端肉……500g

塩……6g(肉の総重量の1.2%)

テキーラ……20ml

ラード……大さじ2

トルティーヤ(自家製)……適量

キウイのサルサ・ヴェルデ
　(p.081参照)……適量

香菜……適量

＊牛の端肉はUS産サーロインとハラミを混ぜて使用した。
＊トルティーヤはマサ(トウモロコシ粉)を硬水で練り、トルティーヤプレスで平たくのばしてラードで焼いた自家製。手軽に作れるが市販品を使用してもよい。焼き上がりは乾きやすいので、食べる直前まで布巾をかぶせておくと、しっとりとして具をラップしやすくなる(写真 ⓐ)。

1 牛の端肉は食べやすい大きさに切り、塩をまぶす。

2 フライパンにラードを入れて熱し、1の牛肉を広げて焼く(写真 ⓑ)。底面に色がつきはじめたらテキーラを振り、フランベする。肉の色が白く変わり、底面にしっかり焼き色がついたら全体をざっくりと返し(写真 ⓒ)、火を止める。

3 皿にトルティーヤを取り2をのせ、キウイのサルサ・ヴェルデと香菜を添え、巻いて食べる。

バリエーション 5 薄切り肉・端肉を使った料理

端肉の網脂包み焼き

さまざまな部位の端肉をまとめ、クレピネットにする。牛マメやハツなどの内臓肉があれば、少し混ぜるとより厚みのある味わいに。端肉だけではボロボロとしてしまうので、つなぎとして挽き肉を加えるとよい。マデラ酒のソースにはクミンを入れると、肉の臭み消しの役割を果たすだけでなく、エキゾチックな風味に仕上がる。

Hachis de bœuf en crépine

材料(2個分)

牛の端肉……300g
牛挽き肉……150g
塩……4.5g(肉の総重量の1%)
A ┌ 玉ネギ(みじん切り)……50g
  │ ニンニク(すりおろす)……少量
  │ マッシュルーム(みじん切り)
  │   ……50g
  └ オレガノ(ドライ)……小さじ1/2
網脂……2枚
イタリアンパセリの葉……大2枚
オリーブオイル……大さじ1
オレガノ……3枝
ソース
  ┌ マデラ酒……50g
  │ グラス・ド・ヴィアンド
  │   (p.068参照)……100g
  │ バター……15g
  │ クミン(パウダー)……ふたつまみ
  └ 塩……少量

＊牛の端肉はUS産サーロイン、ハラミをベースに
  牛マメ、ハツを使用した。割合は好みで。
  牛挽き肉と合わせて450gになるよう調整する。
＊網脂は1枚を20～25cm角くらいのシート状に切る。

1　牛の端肉はまとめて粗く刻む。

2　ボウルに1と牛挽き肉、塩、Aを入れ(写真ⓐ)、手で混ぜ合わせる。練らずにまんべんなく混ぜ合わさればよい(写真ⓑ)。

3　網脂を1枚広げ、中央にイタリアンパセリの葉を1枚置く。その上に2のたねの半量を丸めてのせ、網脂をかぶせて包み込み(写真ⓒⓓ)、丸く整える。もう半量も同様に作業する。

4　フライパンにオリーブオイルを入れて熱し、網脂のとじ目を下にして3を入れる(写真ⓔ)。すぐに200℃のオーブンに入れ、20分焼く(写真ⓕ)。

5　オーブンから出したら直火にかけ、クレピネットを裏返して上面も香ばしく色づける。このとき、フライパンにたまっている脂にオレガノを入れてアロゼし、香りをつける。いい焼き色がついたらクレピネットを裏返してオレガノとともに取り出し、脂をきる。

6　クレピネットをオーブンで焼く間にソースを作る。鍋にマデラ酒を入れて火にかけ、アルコールがとんだらグラス・ド・ヴィアンドを入れ、1/3量くらいにまで煮詰める。仕上げにバターを溶かし込んでクミンを入れ、塩で味を調える。

7　皿にクレピネットを盛り、香りづけに使ったオレガノを添え、6のソースをかける。

牛ランプ肉の固くスジっぽい塊をソミュールに浸けてスモークで火入れし、冷蔵庫で数日かけて乾燥させた。本来の保存目的のジャーキーではないので、ハムに近いしっとりとした食感と、噛みしめるほどに広がるスパイスの風味が同時に楽しめる。冷蔵庫内の環境によっても乾燥の進みぐあいが違うので、日々確かめつつ衛生環境にも注意すること。

材料（作りやすい分量）

牛の端肉……500g

ソミュール
- 塩……45g
- ハチミツ……55g
- ローリエ……1枚
- 黒粒コショウ……10粒
- カイエンヌペッパー……小さじ1/4
- クレオール・スパイス……適量
- 水……1ℓ

ハチミツ（スモーク用）……適量

パン・ド・カンパーニュ……適量
ディル……適量

＊牛の端肉は、ランプの太いスジがあるところなどを小さめの塊に切り落として使用した。
＊クレオール・スパイスは、p.080のクレオール・スパイス・ソルトの材料から塩だけを省いたもの。
＊好みのスモークチップを30g用意する。

1. 鍋にソミュールの材料（写真ⓐと水）をすべて入れて沸かし、冷ましておく。

2. 牛の端肉（写真ⓑ）と1をビニール袋や密閉袋に入れ（写真ⓒⓓ）、空気を抜いて閉じ、冷蔵庫で3日間浸け込む。

3. 浸け込んだ肉の汁けを取り、フックをかけて、冷蔵庫内の風の通る場所に3日間吊るす。

（次頁に続く）

4 スモーカーにチップをセットし、3をスモークする（写真 e f）。煙が上がったら弱火にし、表面にハチミツを塗って10分スモークし、裏返してハチミツを塗り（写真 g）、さらに10分スモークする。スモークだけで中まで火を通すので、金串を刺して確認し（写真 h）、足りなければ適宜追加で加熱をする。

5 スモークが終わり粗熱がとれたら（写真 i）、再びフックをかけ、冷蔵庫内の風の通る場所に1週間吊るして取り出す（写真 j）。

6 薄くスライスして皿に盛り、パン・ド・カンパーニュとディルを添える。

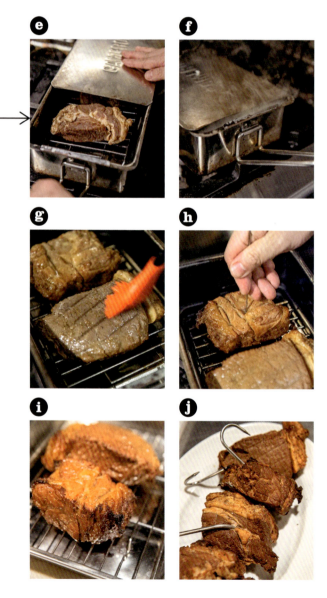

Beef jerky

バリエーション 5
薄切り肉・端肉を使った料理

端肉と
デュクセルの
パイ包み

Chaussons
au bœuf

伝統的なフランス料理に端肉を使い、アルゼンチンのエンパナーダのように気軽につまめるスナックにアレンジした。肉の切り方は均一にせず、食感を楽しめるようにする。デュクセルや炒め玉ネギ、アンチョビ、オリーブなどさまざまな旨味の要素を手作りのフィユタージュに少しずつ閉じ込めた一品は、小さくとも食べ応えがある。

材料(パイ包み9個分)

牛肉のファルス(作りやすい分量)
- 牛の端肉(挽き肉を含む)……500g
- 塩……5g(肉の総重量の1%)
- A ┌ エルブ・ド・プロバンス……小さじ1/4
  └ パプリカパウダー(スモーク)……小さじ1

デュクセル(作りやすい分量)
- マッシュルーム……300g
- エシャロット……大さじ2
- ニンニク……1/2片分
- バター……40g
- 塩……小さじ1/4

炒め玉ネギ(作りやすい分量)
- 玉ネギ(薄切り)……150g
- バター……15g
- 塩……少量

アンチョビ(フィレ)……3枚
ブラックオリーブ(半割りにして種を取る)……9粒
フィユタージュ生地(p.158参照。直径98mmの丸型で抜き、冷蔵庫で締めたもの)……9枚
ドリュール……適量

＊牛の端肉はUS産サーロイン、ハラミを主体に挽き肉少量を合わせて500gにする。
＊牛肉のファルス、デュクセル、炒め玉ネギはそれぞれ多くでき上がるので適宜調整を(写真ⓐ)。
＊ドリュールは卵黄1個に水(または牛乳)少量を溶き混ぜる。

バリエーション 5
薄切り肉・端肉を使った料理

1. 牛肉のファルスを作る。牛の端肉はいろいろな大きさに刻んで挽き肉と合わせ、塩とAを加えて混ぜ合わせる。

2. デュクセルを作る。マッシュルーム、エシャロット、ニンニクは適当な大きさに切る。フードプロセッサーでまずエシャロットとニンニクを細かく刻んだ後、マッシュルームを加えて細かく刻む。フライパンにバターを入れて熱したら、刻んだ野菜を入れて塩を振り、水分をとばしながら炒めてペースト状にし、粗熱をとる。

3. 炒め玉ネギを作る。フライパンにバターを入れて熱し、玉ネギと塩を入れてあめ色になるまで炒め、粗熱をとる。

4. 丸型で抜いたフィユタージュ生地の中央に1を約20gと2のデュクセルと3の炒め玉ネギを各3g、ちぎったアンチョビを少量、ブラックオリーブ1個分をのせる(写真ⓑ)。

5. 4を手のひらにのせて生地の縁を指で薄くのばし、半円分の縁にドリュールを塗り、半分に折って包み込む(写真ⓒⓓ)。

6. とじた縁を端から折り込み(写真ⓔ)、表面に刷毛でドリュールを薄く塗る。すぐに乾くので、もう一度塗り(写真ⓕ)、220℃のオーブンで10分焼き、200℃に下げてさらに10分焼く。

Chaussons au bœuf

フィユタージュ生地
Feuilletage

クラシックの基礎を積まないまま新しい料理の世界に入っていくと、経験する機会を逸してしまう調理や技法がたくさんある。フィユタージュを折ることもそのひとつだろう。体当たりで覚えた指先や温度の感覚は、何にも勝る料理人の財産になると信じたい。

材料（作りやすい分量）
生地
- 薄力粉……500g
- 塩……3g
- バター……100g
- 水……180ml

折り込み用バター……400g

＊生地用のバター100gは角切りにして冷蔵庫で冷やしておく。
＊折り込み用バターは、18cm角のシート状にし、冷蔵庫で冷やしておく。
＊抜き型は、直径98mmの丸型を使用。

1　生地を作る。薄力粉と塩を混ぜ合わせたところへバターを入れ、手早くすり混ぜてサラサラの状態にしたら水を加える。練らないようにまとめ、少し粉けが残る状態でラップフィルムに包み、冷蔵庫で1時間ほどやすませる。

2　台に打ち粉（分量外）をし、1を麺棒で四角くのばし、中央に折り込み用バターをのせる。生地の四隅をバターにかぶせるようにたたむ（写真❶❷❸）。

3　打ち粉をして麺棒で上から押さえるようにしてのばす（写真❹）。押しすぎるとバターが出てきてしまうので注意する。

4　縦長にのばしたら三つ折りにし（写真❺❻）、ビニールをかぶせて冷蔵庫で30分ほど締める。

5　4の作業を6回繰り返し、層を作っていく。締めてから次にのばすときには向きを変え、三つ折りの輪が左右にくるように置いてのばす。作業のつど、生地の端を指で押して印をつけ、何度目かがわかるようにしておくとよい。

6　四角い形をキープしながら6回作業し縦長にのばしたら、生地を3等分に切る。1枚を麺棒でさらにのばしていく（写真❼他の2枚は使うまで冷蔵庫へ）。

7　ある程度のばしたら、麺棒で巻き取るようにして裏返しながら（写真❽）、2mm程度の薄さまでのばし、型で抜いて（写真❾）冷蔵庫で締める。この1枚でp.155のパイ包み用の生地が約9枚抜ける。

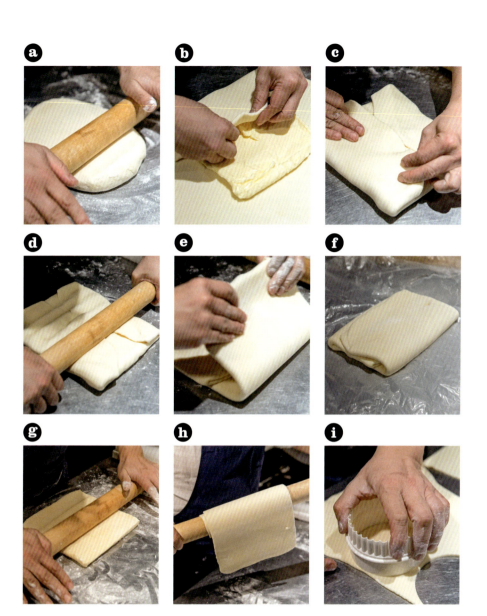

Chaussons
au bœuf

バリエーション 6
挽き肉料理

ハンバーガー

Cheeseburger
with BBQ sauce

バリエーション
6
挽き肉料理

使う材料はハンバーグと大きく変わらずとも、挽きの粗さ、細かさの違いで味や食感に変化をつけられ、味つけやソースの組み合わせで何通りものバリエーションが楽しめるのが、挽き肉料理のおもしろさだ。この項ではまた、エピス・ドゥを意識的に使った。辛味を伴わない甘いニュアンスのスパイスは、挽いた肉の風味を穏やかに引き立ててくれる。

赤身の粗挽き肉をベースに和牛の脂で香りとコクをプラスしたステック・アッシェは、各自で好みの脂の加減に仕上げられる。卵などのつなぎは入れず、包丁でたたくことで粘りを出し、結着させるのがポイント。セルクル型で形を整えたが、使わなくてもよい。中心に赤みが残る程度に焼き、チーズと、ピクルスの調味液で甘酸っぱい風味だけを添えたら、甘みを抑えた自家製ブリオッシュでサンド。バーボンが隠し味のBBQソースも、仕込んでおくと重宝する。

材料(1個分)

パティ(作りやすい分量。3枚分)

＊1個に1枚を使用する。

- 牛挽き肉(赤身のもの。粗挽き)……500g
- 牛脂(和牛のもの。粗く刻む)……150g
- 塩……7.8g(肉の総重量の1.2%)
- コショウ(粗挽き)……1g
- 玉ネギ(みじん切り)……50g
- ニンニク(みじん切り)……5g

ビーフフレーバーオイル(p.069参照)……大さじ1

エメンタール・チーズ……1枚(80g)

ピクルスの調味液……小さじ2

BBQソース(ハンバーガー用。下記参照)……適量

ブリオッシュ(自家製)……1個

＊ビーフフレーバーオイルの代わりに、オリーブオイルを使用してもよい。
＊ピクルスの調味液は市販品のものを使用した。自家製があればもちろんそれでもよい。
＊BBQソース(ハンバーガー用)は、右記のBBQソース150gに対して、トマトケチャップ大さじ2を混ぜたもの。

BBQソース

材料(作りやすい分量)

玉ネギ(みじん切り)……300g
セロリ(みじん切り)……30g
ニンニク(みじん切り)……3片分
トマトピューレ……100g
トマトケチャップ……200g
オールスパイス……小さじ1
クローブ(パウダー)……少量
バーボン……50ml
ブラウンシュガー……10g
オリーブオイル……小さじ1
塩……小さじ1

1 鍋にオリーブオイルとニンニクを入れて中火にかけ、香りが立ったら玉ネギとセロリを入れて炒める。しんなりとしたら他のすべての材料と水100mlを入れて混ぜ、15分ほど煮詰めてから冷ます。

パティを作る

1. まな板の上に牛挽き肉と牛脂を広げて塩、コショウを振り、玉ネギとニンニクをのせる(写真ⓐ)。

2. 肉を包丁ですくうようにして混ぜながら、刃先でトントンとたたいていく(写真ⓑ)。

3. ある程度混ざったら両手に包丁を持ち、しっかりと粘りが出て結着するまで、さらにたたく(写真ⓒⓓ)。

4. 3を3等分に分け、両手でキャッチボールをするように空気を抜いて丸める。牛脂が入っているので、手に油を塗る必要はない。

パティを焼く→チーズと合わせる

5. フライパンにビーフフレーバーオイルを入れて熱し、セルクル型を置く。4のたねをセルクル型の中に広げ、真ん中を凹ませる(写真ⓔ)。

6. 中火でしばらく焼き、たねの底と縁が固まったらセルクル型を外してさらに焼く。ビーフフレーバーオイルと相まって、香ばしい匂いが立ってくる(写真ⓕ)。

7. ちょうどいい焼き色がついたら裏返す。ここで五割ほど火が通っているイメージ(写真ⓖ)。

8. チーズをのせて(写真ⓗ)蓋をし、弱火でさらに焼く。チーズが溶けたらピクルスの調味液を回しかけ、火通りを金串で確認する。

ハンバーガーを仕上げる

9. ブリオッシュを温めて横半分に切り、下断面に温めたBBQソース(ハンバーガー用)をたっぷりと塗る。その上に8をのせて上からもBBQソースをかけ、上のブリオッシュをのせる。

Cheeseburger
with BBQ sauce

ミートボールは細挽き肉を使い、プリッとした食感に。ソースと一緒に煮込まず、仕上げにサッと合わせるようにして、肉のフレーバーを活かす。イタリア・アブルッツォのテーラモという土地に、ミートボールスパゲッティの原型といわれる料理があり参考にしたが、ソースはあくまでフランス料理のソース・トマトのイメージ。甘みはあるがぼってりとせず、ベーコンやタイムの香りの広がりをプラスしながら、あくまでフランス的に仕上げた。見た目とは裏腹に、すっきりとした大人の味を楽しめるだろう。

材料(作りやすい分量)

ミートボール

A
- 牛挽き肉(細挽き。写真ⓐ)……600g
- 塩……7.2g(肉の重量の1.2%)
- 玉ネギ(極みじん切り)……100g
- ニンニク(極みじん切り)……5g
- 卵黄……1個分
- ナツメグ……少量
- オールスパイス……少量
- ビーフフレーバーオイル(p.069参照)……大さじ2

トマトソース

B
- ホールトマト(パッセする)……400g
- 玉ネギ(みじん切り)……100g
- ニンニク(半割りにして芯を取る)……2片分
- 赤唐辛子(種を取る)……1本分
- ベーコン(スライス)……1枚
- タイム……1枝
- ビーフフレーバーオイル(p.069参照)……大さじ2
- 塩……ひとつまみ

パスタ(乾麺。スパゲットーニ)……200g
イタリアンパセリの葉(シズレに切る)……適量
塩……適量

*ビーフフレーバーオイルの代わりに、オリーブオイルを使用してもよい。

Spaghetti with meatballs
Teramana style

バリエーション 6
挽き肉料理

ミートボールを作る

1　ボウルにビーフフレーバーオイル以外のAの材料をすべて入れ、手で混ぜ合わせる。練りすぎず、全体がまんべんなく混ざればよい。1個30g見当に分けて丸める。

2　フライパンにビーフフレーバーオイルを入れて熱し、1を並べる。強めの中火で焼き、色がついたら裏返して全体を香ばしく焼いて(写真❶❷)取り出す。ここでは完全に火を通さなくてよい。焼いたときに出た脂も取りおく。

トマトソースを作る

3　別のフライパンにBのビーフフレーバーオイルとニンニク、赤唐辛子を入れて火にかける。香りが立ったら玉ネギを入れて(写真❹)塩を振り、しっかりとスュエする。

4　玉ネギの甘みが出てきたら、香りづけにベーコンを切らずにそのまま入れる。タイムも入れてさっと炒め、香りが立ったらパッセしたホールトマトを入れ(写真❺)、全体がなじむ程度に軽く煮る(写真❻)。

ミートボールスパゲッティを仕上げる

5　塩を入れた湯でスパゲットーニをゆで、4のフライパンに入れてソースと和える(写真❼)。

6　5に2のミートボールと、取りおいた脂を少量入れる(写真❽)。ミートボールが崩れないようにからめ、味をみて塩で調える。

7　器に盛り、イタリアンパセリを振る。

165

バリエーション 6 挽き肉料理

メンチカツ

店の定番メニューであるハンバーグステーキ同様、たねに牛マメを少量混ぜ込むことで、内臓ならではの風味をプラスした。ここではさらにコショウを効かせ、キリッと引き締まった味に仕上げている。揚げ油の中心のいちばん温度が低いところでゆっくりと揚げ、肉汁を全体に回してあげること。火通りの確認は金串で。せっかくのジュが流れてしまうので何度も刺すのはご法度だが、頃合いをみて確かめてみるのが確実だ。

Ground meat cutlet

材料(3個分)

牛挽き肉(粗挽き)……480g
牛マメ(腎臓)……20g

A ┌ 塩……6g(肉の総重量の1.2%)
  │ 玉ネギ(みじん切り)……100g
  │ オールスパイス……2g
  └ コショウ……2g

小麦粉……適量
溶き卵……適量
牛乳……少量
生パン粉……適量
揚げ油……適量

つけ合わせ
サラダほうれん草……適量

＊牛マメは赤みが強くなく少し白っぽい
　もののほうが味がよい(写真ⓐ)。
＊牛マメの代わりに牛、豚、鶏の
　レバーを入れてもよい。
＊溶き卵に牛乳を加えてよく混ぜておく
　(卵3個に対して牛乳小さじ2程度)。

1 牛マメは、まわりを覆っている脂を適度に取り除き、細かく刻む(写真ⓑ)。

2 ボウルに牛挽き肉と1、Aを入れ、手で混ぜる(写真ⓒⓓ)。練るのではなく手で握るように、肉の粒感を意識しながら全体をまんべんなく混ぜ合わせたら(写真ⓔ)3等分(1個200g見当)にし、厚めの小判形に丸める。

3 2のたねに小麦粉を薄くはたき、溶き卵にくぐらせて生パン粉をつける。

4 180℃に熱した揚げ油に、3を入れる。たねが柔らかいので、穴じゃくしなどにのせて静かに油へ沈めるとよい(写真ⓕ)。しばらく揚げて衣の表面が固まったら、下がった温度を戻す程度に火を強める。

5 いちばん温度が低い鍋の中央にたねをもってきてしばらく揚げ、うっすらと色がついたら裏返す(写真ⓖ)。衣の中で肉汁を回すイメージで、ときどき返しながらゆっくりと揚げていく。

6 気泡が小さくなり、油の爆ぜる音のリズムが徐々に早く、激しくなってきたら、揚げ上がりの合図。油の表面から顔を出している衣から金串を刺してみて、うっすらと透明なジュがにじんでくれば八〜九分通り火が入っている。油から引き上げ(写真ⓗ)、余熱で火を入れる。

7 器に盛り、サラダほうれん草を添える。

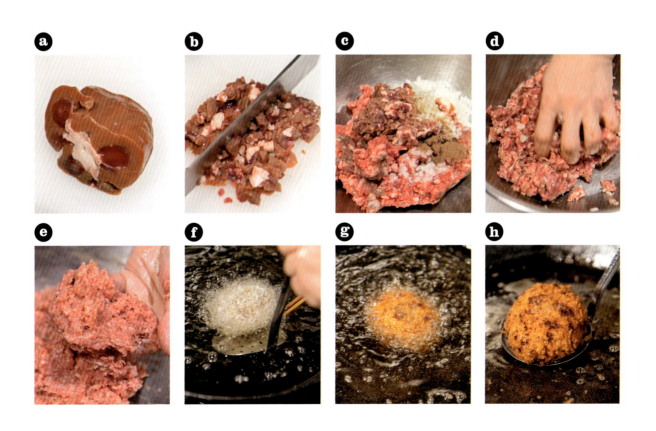

バリエーション 6
挽き肉料理

Scotch egg
スコッチエッグ

油で揚げず、焼いて仕上げるスコッチエッグ。肉は二度挽きにしてハンバーグよりもなめらかにし、中の半熟ゆで卵とバランスを合わせた。たねがゆるいので成形後に冷蔵庫で締めたいところだが、それでは火入れに時間がかかり卵にも火が入ってしまうので、常温から焼く。いったんオーブンで全体をサッと固めてから直火で焼いて色づけ、再びオーブンで全方位から火入れをする。マデラソースや赤ワインソースと合わせたい。

材料(2個分)

牛挽き肉(細挽き)……400g
A ┌ 塩……4.8g(肉の重量の1.2%)
　├ 玉ネギ(極みじん切り)……50g
　├ ニンニク(極みじん切り)……5g
　├ 全卵……1個分
　├ 卵黄……2個分
　├ シナモン(パウダー)……1g
　└ コショウ……1g
ゆで卵(半熟)……2個
ビーフフレーバーオイル(p.069参照)……大さじ2

仕上げ

ジャガイモのギャレット(右記参照)……1枚
マデラソース(p.079参照)……適量

＊ゆで卵は、卵を沸騰した湯から入れて7分ゆで、氷水に取って冷ます。
＊ビーフフレーバーオイルの代わりに、オリーブオイルを使用してもよい。

1 牛挽き肉は細挽きを再度挽いて細かくする(写真 ⓐ ⓑ)。

2 ボウルに1とAの材料をすべて入れ、手でよく混ぜる。ゆるいたねなので、氷水にあてながら作業するとよい。

3 2のたねを2等分にし(1個250g見当)、一度丸めてから平たくし、ゆで卵をのせて包み込む(写真 ⓒ)。卵を中心にもっていくイメージで、両手でキャッチボールをするように丸める(写真 ⓓ)。

4 フライパンにビーフフレーバーオイルを入れて熱し、香りが立ったら3を入れ、そのまま250℃のオーブンで4分焼く。

5 いったんオーブンから取り出し、直火でしっかりと焼き色をつけたら裏返し、再び200℃のオーブンで7分焼く。

6 皿にジャガイモのギャレットを敷いてスコッチエッグをのせ、温めたマデラソースをかける。

ジャガイモのギャレット

1 ジャガイモ1個分(150g)をジュリエンヌにし、塩小さじ1/4をからめて余分な水気を絞り、コショウ適量を振る。

2 フライパンにバター15gを入れて熱し、1を広げて焼く。途中でバター5gを足して香ばしく焼き、裏返してさらにバター5gを足して焼く。

ⓐ

ⓑ

ⓒ

ⓓ

バリエーション 6
挽き肉料理

ラザニア
Lasagne

牛挽き肉のラグーは、p.098で紹介しているトマトベースのミートソースと同様、カリカリにキャラメリゼした挽き肉の香ばしさがポイントとなるが、こちらは赤ワイン主体。ベシャメルソースやグリュイエール・チーズのまろやかさ、濃厚さと重ねていくため、トマトは加えず、力強くもすっきりとシンプルなラグーに仕立てた。パスタは二層でソースがたっぷりとからむが、好みで層を増やしてもいい。

材料（作りやすい分量）

牛挽き肉のラグー
- 牛挽き肉（中挽き）……500g
- A
  - 玉ネギ（みじん切り）……150g
  - ニンジン（みじん切り）……100g
  - セロリ（みじん切り）……20g
  - ニンニク（みじん切り）……1片分
- 赤ワイン……550ml
- グラス・ド・ヴィアンド（p.068参照）……10g
- 塩……小さじ1/2
- コショウ……適量
- タイム（ひもでしばる）……5〜6枝
- ビーフフレーバーオイル（p.069参照）……大さじ2

仕上げ
- 牛挽き肉のラグー（写真ⓐ）……200g
- ベシャメルソース（右記参照）……300g
- グリュイエール・チーズ（シュレッド）……100g
- ラザニア用パスタ（乾麺）……適量
- バター……適量

牛挽き肉のラグーを作る

1 フライパンにビーフフレーバーオイル大さじ1を入れて熱し、牛挽き肉を広げるように入れる。塩、コショウを振り、いじらずにそのまましばらく焼きつける。底面がキャラメリゼしたら、ざっくりと裏返してさらに焼きつけ、少しずつほぐしていく。全体がカリカリになったらザルにあけて脂をきる。漉した脂は取っておけば風味づけなどに使える。

2 空いたフライパンに赤ワインを入れ、火にかけながらデグラッセし、沸騰させてアルコールをとばす。

3 2と同時進行で、別鍋にビーフフレーバーオイル大さじ1を入れて熱し、Aを入れて炒める。しんなりとしたら1の牛挽き肉を入れて全体を混ぜ、2の赤ワインとグラス・ド・ヴィアンドを入れる。沸騰したら弱火にし、タイムを入れて蓋をし、2時間ほど煮込む。水分が減りすぎたら水で調整。味をみて塩（分量外）、コショウで調える。

ラザニアを仕上げる

4 ラザニア用パスタは塩を入れた湯でゆでる。

5 深さのある耐熱皿にバターを薄く塗り、牛挽き肉のラグーの半量を敷く。その上に4のパスタを敷き詰め、ベシャメルソースの半量とラグーの残り、グリュイエール・チーズの半量を順に敷く（写真ⓑ）。その上に再度パスタを敷き詰め、ベシャメルソースの残りとグリュイエール・チーズの残りを敷き（写真ⓒⓓ）、250℃のオーブンで20分焼く。

ベシャメルソース

材料（作りやすい分量）
- バター……50g
- 小麦粉……50g
- 牛乳……500ml
- ナツメグ……少量
- 塩……小さじ1/4

1 鍋にバターを入れて熱し、溶けたら小麦粉を入れて混ぜ、焦がさないように炒める。粉の香りが抜け、バターのいい香りが立ってきたら、温めた牛乳を少しずつ加えながら溶きのばす。

2 牛乳を全量入れ、沸いてきたらナツメグ、塩を入れる。焦がさないようにしばらく煮立て、粉のコシをきる。

バリエーション 6
挽き肉料理

Ravioli
ラヴィオリ

ペースト状になるまで挽いた牛肉を使う。挽きが細かくなるとどうしてもジュが逃げやすいので、生クリームとチーズでコクを補強し、フェンネルの甘やかな風味を添える。包む生地はもちろん手打ちでもよいが、あまり生地の存在感を出しすぎないよう、餃子の皮で軽く仕上げた。ソースはシンプルに、フェンネルを入れたブール・ノワゼット。さらにオレンジピールとディルを添え、香りのアンサンブルを楽しむ。

材料(作りやすい分量)

牛挽き肉(極細挽き)……250g
塩……3g(肉の重量の1.2%)
A ┌ 玉ネギ……50g
　└ ニンニク……1/2片分
B ┌ 生クリーム……大さじ1
　│ グラナ・パダーノ・チーズ
　│ 　(すりおろす)……3g
　│ フェンネル(パウダー)……1g
　└ コショウ……少量
餃子の皮……適量
フェンネル(シード)……ふたつまみ
バター……50g
オレンジの皮……適量
ディル……適量

1 牛挽き肉は、極細挽きを粒感がなくなるまでさらに挽き、ペースト状にする。Aは合わせてロボクープでピュレ状にする。

2 ボウルに1とBを入れ、手早く混ぜ合わせる。

3 2を絞り袋に詰め、餃子の皮の中央に絞り出す(写真ⓐ　1個につき10g見当)。皮の縁に水を塗って半分に折り、両端を合わせて留める(写真ⓑ～ⓔ)。

4 塩(分量外)を入れた湯で3を4分ほどゆでて引き上げる。

5 フライパンにバターとフェンネルを入れて弱火にかけ、ゆっくりとノワゼットになるまで加熱する。

6 皿に4のラヴィオリを盛り、オレンジの皮を散らして5のソースを回しかけ、ディルを散らす。

スパイスのこと

　スパイスが好きで、「マルディ グラ」でもジャンルを超えて日々さまざまな料理に使っている。

　フランス料理においてのスパイスは、大きくエピス・ドゥとエピス・フォルトという2つのカテゴリーに分けられる。エピス・ドゥは柔らかで、香りに甘いニュアンスのあるタイプ。エピス・フォルトはいわゆるスパイシーといわれるような強い風味のもの。どのスパイスがどちらのカテゴリーと、はっきり認識されているわけではなく、私もニュアンスで使い分けているのだが、実際にフランス料理で使われることが多いのは、シナモンやクローブ、オールスパイスといったエピス・ドゥだろう。私自身は、料理にコクや風味を与えたいときに、たとえばハンバーグにオールスパイス、だしにクローブ、アイスクリームにシナモンといった合わせ方をしている。

　一方、エピス・フォルトは、フランスの海外県であるカリブ海のマルティニークや、かつて植民地だったモロッコやチュニジアなどで親しまれている料理に、欠かせないスパイスだと思う。

　カレーをはじめとするアジアのスパイス料理と違い、フランス料理の場合はスパイスをたくさん使っても、だしの旨味でバランスを取ることができるのだが、とはいえ、少量で香らせるように使うほうが、フランス料理には効果的だ。

　私が複数のスパイスをブレンドするときのやり方は、まず、調合したいスパイスをすべて同じ比率で並べてみる。その上で、風味を強調したいスパイスを増やし、逆にあまり出しゃばらせたくないものは減らし、あまり辛くしないからチリはごく少量にと、加減しながらバランスをとっていく。フランスにはスパイスを複合的に使うという考え方はあまりないので、調合する際には、カリブ風なのか、アフリカ風なのか、それともインドやスリランカなのか。国や料理をイメージしながら、しかし自分なりのブレンドに着地するよう、考えている。

「パストラミビーフ」(p.090)のスパイス

サガリのステーキ
エシャロットソース

バリエーション 7
副生物料理

Onglet de bœuf
à l'échalote

本書のテーマは牛肉料理だが、最後に私も大好きな畜産副生物を使った料理を紹介したい。副生物は下処理に手間がかかるものも多いが、ここではサガリやリ・ド・ヴォー、テール、タン、トリッパ、ハツといった比較的使いやすいもの、作りやすい料理を中心に選んだ。

サガリ（オングレ）やカイノミ（バヴェット）のステーキにエシャロットソースは、フランスでも定番の組み合わせ。固くはなく適度な嚙み応えがあり、濃厚な味わいの肉はそれだけで旨いが、そこへフライパンに残った旨味をからめ取ったエシャロットの香味を添える。たったそれだけで、シンプルな料理に奥行きが生まれるのだ。

材料（作りやすい分量）

牛サガリ……300g
A ┌ 塩……3.6g（サガリの重量の1.2%）
  └ コショウ……適量
B ┌ エシャロット（みじん切り）……100g
  │ イタリアンパセリの葉（シズレに切る）……10枝分
  │ 塩……少量
  └ コショウ……適量
バター……15g
オリーブオイル……大さじ1

粗塩（ゲランド）……適量
ミニョネット……適量

つけ合わせ
フライドポテト……適量

＊US産のサガリ（オングレ）を使用。横隔膜の肋骨寄りの肉厚な部位で、いわゆるハラミとは区別する。味は濃いが脂肪分は少ないため、さっぱりと食べられる。

1 牛サガリは、余分なスジなどを取り除く。室温に戻してAの塩、コショウをまぶし、少しおいてなじませる。

2 フライパンにオリーブオイルを入れて中火で熱し、1を入れる（写真ⓐ）。ロースやヒレと違い形や厚みが均一ではないので、両手で押さえるようにして形を整えてからフライパンに入れるとよい。動かさずにしばらく焼き、底面の縁が白くなったら弱火にする（写真ⓑ）。

3 サガリの形状によるが、この場合は全部で3面を焼く。4分ほどして底面にしっかりと焼き色がついたら、次の面を下にして

ⓐ

ⓑ

バリエーション 7
副生物料理

フライパンの壁に立てかけ、中火にする。肉の両端の断面の縁を見て、先に焼いた面の縁と同じ色合いにするのが目安（写真 c）。この面は面積が小さいのでまず2分ほど焼き、温度が上がって煙が見えてきたら弱火にし、さらに1分ほど焼く。

4 最後の面を下にし、同様に火加減をして焼く。弱火にしたらバターを入れて溶かし（写真 d）、弾力性が出てくるまでゆっくりとアロゼしながら5分ほど火を入れる（写真 e）。徐々に底面に色もついてくる。

5 金串を刺して確認した後皿に取り出し、温かいところで焼いた時間と同じくらいの時間やすませる（写真 f）。

6 空いたフライパンにBのエシャロットと塩少量を入れ（写真 g）、弱火のまま優しく、フライパンに残った旨味や脂となじませるようにして炒める。しんなりとしたらイタリアンパセリとコショウ、5で皿に出てきたジュも入れてなじませる。

7 やすませた5のサガリはほんのりと温かい状態なので、オーブンに数分入れて表面を熱くしてから切り分け、皿に盛る。断面に6のソースをかけて粗塩とミニョネットをのせ、フライドポテトを添える。

c d e
f g

Onglet
de bœuf
à l'échalote

177

バリエーション 7 **副生物料理**

リ・ド・ヴォーのポワレ
シェリーヴィネガー風味

Ris de veau au vinaigre de Pedro ximénez

料理の道を志してすぐの頃、フランスではじめてリ・ド・ヴォーを食べて感動した、思い出の料理。表面の膜をブランシールして取る方法もあるが、処理をしすぎると味が抜けてしまうような印象があり、私はやっていない。シェリーヴィネガーは甘みのあるペドロ・ヒメネスで作ったものを使用。バターのふくよかな風味と相まって、贅沢な味わいになる。

材料(作りやすい分量)

- リ・ド・ヴォー……300g
- A ┌ 塩……3g(リ・ド・ヴォーの重量の1%)
    └ 白コショウ……適量
- 小麦粉……適量
- エシャロット(みじん切り)……50g
- エストラゴンの葉(シズレに切る)……5枚分
- シェリーヴィネガー……100ml
- グラス・ド・ヴィアンド(p.068参照)……50g
- バター……125g
- 塩……ひとつまみ

つけ合わせ

葉野菜をシンプルなヴィネグレットで和えたサラダ……適量

*和牛のリ・ド・ヴォーを使用。以前と比べて状態のよいものが入手しやすくなった。ヨーロッパ産よりもミルクのモワッとした香りが淡く、表面の膜も薄い。

---

1 リ・ド・ヴォーはAの塩と白コショウをまぶし、小麦粉を薄くはたく。

2 フライパンにバター80gを入れて弱火にかけ、溶けたら1のリ・ド・ヴォーを入れる(写真ⓐ)。中火にし、徐々に温度が上がってバターが澄んできたらアロゼをはじめる(写真ⓑ)。まだバターは黄色い状態。

3 ムース状になったバターでアロゼを続けていくと(写真ⓒ)、小麦粉とバターが合わさった香りがビスケットのようになってくる。この香りを確かめながら火入れする。

4 焼き色がついたら裏返す(写真ⓓ)。弱火にし、厚みのある部分を中心にアロゼする(写真ⓔ)。バターもノワゼットになってきて、ビスケットからマドレーヌやフィナンシェのような香りに変化してくる。ジュクジュクと音がするくらいの火加減で、焦がさずに香ばしく、ミディアムウェルダンくらいの火通りにするのが理想。

5 バターのムースがなくなり、ダレてきたら金串を刺して確認。引っかかりがなくスッと入るようになっていたら、取り出して温かいところでやすませる(写真ⓕ)。

6 フライパンに残ったバターは捨て、ペーパーで余分な脂を押さえて取る。バター30gを入れて弱火で溶かし、エシャロットと塩ひとつまみを入れて、優しくなじませるように炒める。しんなりとしたらシェリーヴィネガーを入れ(写真ⓖ)、強火にして酸味を少しだけとばしたら、グラス・ド・ヴィアンドを入れて半量まで煮詰める。とろみがついたら火を止め、バター15gとエストラゴンを入れ、モンテする。

7 5のリ・ド・ヴォーをスライスして皿に盛り、6のソースをかける。つけ合わせのサラダを添える。

バリエーション7 副生物料理

テールのトマト煮込み

Queue de bœuf braisée à la tomate

ほろほろと骨からほぐれる肉の旨さはもちろんながら、その濃い旨味と、野菜の甘みが溶け込んだトマトソースが何よりのごちそうだ。パスタでからめ取り、味わい尽くしたい。しっかりと焼いて余分な脂を抜き、煮上がりをいったん冷まして浮いた脂をしっかり取るのもポイント。

材料(作りやすい分量)

牛テール……1.5kg
塩……22g(テールの重量の1.5%)

A ─ 玉ネギ(みじん切り)……400g
　　ニンニク(みじん切り)……1片分
　　ニンジン(みじん切り)……200g
　　セロリ(みじん切り)……40g
　　塩……小さじ1/2

B ─ グラス・ド・ヴィアンド(p.068参照)……100g
　　白ワイン(アルコールをとばす)……100ml
　　ホールトマト(パッセする)……800g

C ─ タイム(ひもでしばる)……3枝分
　　ローリエ……1枚
　　セロリ(軸の部分)……4本分

オリーブオイル……大さじ2

仕上げ

パスタ(メッツォペンネ)……適量
イタリアンパセリ(シズレに切る)……適量

*US産のテールを使用。固く脂も多いが、フォンをとる際の素材としても使われるように、ひじょうに旨味のある部位。じっくりと煮込む料理で力を発揮する。
*セロリの軸4本は、スジを引いて半分の長さに切る。

1 牛テールは厚さ7〜8cmの輪切りにし、塩をまぶして冷蔵庫に一晩おく。

2 鍋を火にかけ、1のテールを並べて焼く(写真ⓐ)。テールから脂が出るのでオイルはひかなくてよい。両面をしっかりとリソレしたら(写真ⓑ)いったん取り出し、鍋に残った脂を容器に移す。*この脂はここでは使わないが、旨味があるので捨てずに他の料理に使う。

3 空いた鍋にオリーブオイルを入れて火にかける。香りが立ったらAの野菜を入れ、Aの塩をしてスュエする。

4 3がしんなりとしたら2のテールを戻し入れる(写真ⓒ)。テールの先の細い部分なども味出しのために入れるとよい。煮崩れを防ぐためにも、ぎっしりと隙間を埋めるようにして並べる。

5 Bを入れて全体をならしたら(写真ⓓ)、Cを入れて火を強める。沸いたら蓋をして200℃のオーブンに入れ、2時間を目安に煮込む。直火で煮てもよい。

6 煮上がったら(写真ⓔ)いったん冷まし、表面に浮いた脂を取り除いてから再度温める。

7 6の煮込みのソース適量を別鍋に取り分けて温め、塩(分量外)を加えた湯でゆでたパスタと和えて皿に盛り付ける。6のテールとセロリをのせてソースをかけ、イタリアンパセリを散らす。

フレッシュな香ばしさを活かしながら、重たくせずにさらりと、ワインやパンにも合う現代的なタンシチューに仕立てた。小麦粉でサンジェはするが最小限にし、ルビーポートと赤ワイン、マデラ酒と、たっぷりの酒を注いだ贅沢仕様。牛タンはブランシールして味が抜けてしまうのを避け、生のまま皮をむいた。

材料(作りやすい分量)

牛タン(掃除した状態。タン下も含む)
　……1.2kg
塩……15g(タンの重量の1.3%)
A ┬ 玉ネギ(粗みじん切り)
　│　……250g
　├ ニンニク(粗みじん切り)
　│　……1片分
　├ ニンジン(粗みじん切り)
　│　……130g
　└ セロリ(粗みじん切り)……10g
B ┬ 塩……少量
　└ 小麦粉……30g

C ┬ 赤ワイン……300ml
　├ マデラ酒……100ml
　├ ポートワイン(ルビー)
　│　……300ml
　└ グラス・ド・ヴィアンド
　　 (p.068参照)……100g
ローリエ……1枚
バター……30g
オリーブオイル……大さじ4

つけ合わせ
ルーコラ……適量

＊US産の牛タンを使用。牛タンは柔らかいタン元から、タン中、タン先へ向かうほど固い食感になる。
＊牛タンは、タン先を切り落とし(取りおく)、残りの部分は生のまま皮をそぎ取る。根元にあるタン下の部分を切り離し、残ったスジも掃除する。タン下は、掃除した牛タンと一緒にリソレして煮込み、タン先は煮込む際に味出しのために入れる。

1 牛タンは、塩をまぶして冷蔵庫に一晩おく。

2 鍋にオリーブオイル大さじ2を入れて熱し、1の牛タンを入れ(写真ⓐ)、両面をリソレする(写真ⓑ)。牛テールほどはしっかり焼かなくてもよい。いったん取り出し(写真ⓒ)、鍋に残った脂はペーパーで押さえて取る。

3 空いた鍋にオリーブオイル大さじ2とバターを入れ、Aの野菜を入れる。Bの塩を入れ、野菜の甘みが出てくるまでスュエしたら小麦粉を入れてサンジェする。

4 3の野菜の上に2のタンを戻し(写真ⓓ)、Cを入れる(写真ⓔ)。取っておいたタン先はここで入れ、材料が浸らない場合は水で調整する。火を強め、少し沸かしてアルコールをとばす。

5 蓋をして200℃のオーブンに入れ、2時間を目安に煮込む。

6 皿に盛り付け、ルーコラを添える。

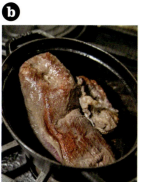

バリエーション 7
副生物料理

トリッパの
カリカリステーキ

タブリエ・ド・サプールに近いのだが、パネをせずに柔らかく下ゆでしたトリッパをそのまま焼き上げる。ハチノス状の網目がカリカリと香ばしく焼けたところへ、メートルドテルバターが溶け出し、フレッシュなハーブの香りを添えてくれる。

Crispy fried tripe

材料（作りやすい分量）

トリッパ（下ゆでしたもの。
　右記参照）……250g
塩……適量
白コショウ……適量
小麦粉……適量
タイム……4～5枝分
バター……30g
オリーブオイル……大さじ3

仕上げ

メートルドテルバター（右記参照）
　……適量
レモン……適量

＊和牛のトリッパを使用。牛の2番目の胃で、日本ではハチノスと称される。臭みを抜くために、香味野菜と煮るなどの下処理をしてから使う。

1 下ゆでしたトリッパ（写真ⓐ）の水けを取り、軽く塩、白コショウをして薄く小麦粉をはたく（写真ⓑ）。

2 フライパンにオリーブオイルを入れて熱し、1のトリッパを網目のある面から焼く（写真ⓒ）。

3 うっすら焼き色がついてきたらバターと香りづけのタイムを入れてさらに香ばしく焼く（写真ⓓ）。浮いてきたところをスパチュールで押さえながら焼き（写真ⓔ）、まんべんなく焼き色がついたら裏返し、もう片面も同様に焼く（写真ⓕ）。ペーパーの上にのせ、脂をきる。

4 皿に3のトリッパを盛り付け、メートルドテルバターとレモンを添える。

トリッパの下ゆで
材料（作りやすい分量）

トリッパ……2kg
A ┬ 玉ネギ（皮をむいて丸ごと）……4個
　├ ニンニク（皮つきで横半分に切る）……2株分
　├ ニンジン（皮つきで半分に切る）……2本分
　├ セロリ（半分に切る）……1本分
　└ 塩……大さじ2
水……7ℓ

1 寸胴鍋にAと分量の水を入れ、よく水洗いしたトリッパを大きなまま入れて火にかける。沸いたら火を弱め、約3時間煮る。トリッパを持ち上げるとだらんとして、手で裂けるくらい柔らかくなっているのが目安。

メートルドテルバター
材料（作りやすい分量）

バター（柔らかくしておく）……250g
B ┬ ニンニク（半割り）……大1片分
　├ エシャロット（粗く刻む）……1/2個分
　├ イタリアンパセリの葉……20g
　├ セルフィーユの葉……1g
　├ エストラゴンの葉……1g
　└ ディルの葉……1g
C ┬ カレー粉……ひとつまみ
　├ ペルノー……大さじ1
　└ 塩……小さじ3/4

1 フードプロセッサーにBを入れて細かく刻んだところへ、Cとバターを入れて撹拌する。ラップフィルムにのせてバトン状に包み、冷蔵庫で冷やし固める。

ⓐ

ⓑ

ⓒ

ⓓ

ⓔ

ⓕ

バリエーション 7 副生物料理

ハツのスモーク
Smoked beef heart

サクサク、シコシコとした貝のような食感が楽しい部位。店では普段、刻んでハンバーグのたねに混ぜているが、この食感を存分に味わえるよう、塊のままでスモークした。分厚くスライスした見た目は、まるで赤身のステーキ。噛みしめれば燻香が鼻を抜け、じわじわと旨味が広がってくる。

材料（作りやすい分量）

牛ハツ……1.4kg

塩……15g（ハツの重量の1.1%）

バター……15g

オリーブオイル……大さじ3

粗塩（ゲランド）……適量

つけ合わせ

フェンネルのサラダ（右記参照）
　……適量

＊和牛のハツを使用。目立つスジなどがあれば掃除をする。鉄分が多くジューシーな部位で、焼き肉以外ではあまり見かけないが、厚みをもたせて調理、提供すると旨い。

＊好みのスモークチップ30gを準備する。

フェンネルのサラダ
材料（作りやすい分量）

フェンネル（茎の部分）……130g

A
- オレンジの皮（すりおろす）……小さじ1/4
- ディル（シズレに切る）……2g
- レモン果汁……小さじ1
- グランマルニエ……小さじ1/4
- オリーブオイル……大さじ2
- 塩……小さじ1/4

1　フェンネルは繊維を断つように薄くスライスし、Aと和える。

1　牛ハツは、塩をまぶして冷蔵庫に1日おく。

2　スモーカーにスモークチップをセットして1のハツを入れて（写真ⓐ）火にかける。煙が上がったら10分スモークし（写真ⓑ）、裏返して（写真ⓒ）さらに15分スモークして取り出す。ここでおよそ七割程度の火通りになる。

3　フライパンにオリーブオイルを入れて熱し、2のハツを入れる（写真ⓓ）。全面に軽く焼き色がつく程度に焼いたら、バターを入れて全体にからめ（写真ⓔ）、取り出してアルミホイルに包み、余熱で火を入れる（写真ⓕ）。

4　3のハツを切って皿に盛り、断面に粗塩をのせる。フェンネルのサラダを添える。

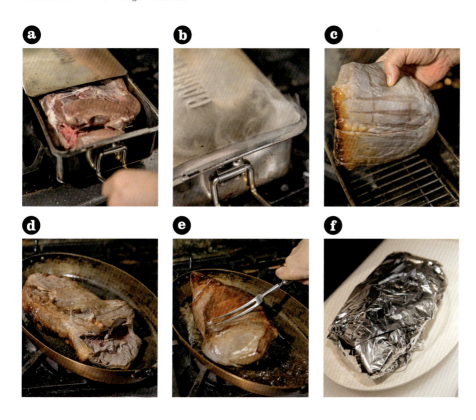

ともに生き、ともに支え、ともに喜びを分かち合う、
すべての生産者の方々、かけがえのない
「Mardi Gras」の仲間へ捧げる。

和知 徹

著者紹介

和知 徹 （わち・とおる）

1967年、兵庫県淡路島に生まれ、茨城県つくば市で育つ。辻調理師専門学校フランス校を卒業し、ブルゴーニュの一つ星「ランパール」で研修。帰国後は「レストランひらまつ」へ入社、在籍中にパリ「ヴィヴァロワ」で研修する。飯倉「アポリネール」（現在は閉店）の料理長を務めた後に退職。1998年、六本木「祥瑞」のオーナーである故・勝山晋作氏が銀座にオープンさせた「グレープガンボ」（現在は閉店）の立ち上げに加わり、3年間料理長を務める。

　2001年9月、銀座八丁目の並木通りに自身の店「マルディ グラ」をオープン。フランス料理にとどまらず、その考えやテクニックをベースに、世界各国の料理を独自のフィルターに通した"和知料理"に定評がある。特に肉料理のスペシャリストとして、雑誌、テレビの取材、セミナーやイベントを多数こなすほか、カフェやレストランのメニュープロデュースも手がける。毎年、国内外へテーマを決めた旅に出て、そこでの経験を料理にフィードバックすることがライフワーク。音楽と本、洋服、街歩きをこよなく愛する。

著書
銀座 マルディ グラのストウブ・レシピ（世界文化社刊）
銀座 マルディ グラ流 ビストロ肉レシピ（世界文化社刊）

主な共著
モツ・キュイジーヌ（柴田書店刊）
20席のフランス料理店（柴田書店刊）
使える豆腐レシピ（柴田書店刊）
人気シェフのたっぷり野菜レシピ帖（世界文化社刊）

Mardi Gras
マルディ グラ

東京都中央区銀座8-6-19 野田屋ビル地下1階
TEL 03-5568-0222
営業時間 18:00～23:00（ラストオーダー）
日曜定休

マルディ グラ 和知 徹の牛肉料理
プロのための火入れメソッドと料理バリエーション

初版印刷　　2019年10月1日
初版発行　　2019年10月15日

著者◎　和知 徹（わち・とおる）

発行者　丸山兼一
発行所　株式会社 柴田書店
　　　　東京都文京区湯島3－26－9　イヤサカビル　〒113-8477
　　　　電話　営業部　　　03－5816－8282（注文・問合せ）
　　　　　　　書籍編集部　03－5816－8260
　　　　URL　http://www.shibatashoten.co.jp

印刷・製本　図書印刷株式会社

本書掲載内容の無断掲載・複写（コピー）・引用・データ配信等の行為は固く禁じます。
乱丁・落丁本はお取替えいたします。

ISBN 978-4-388-06316-1
Printed in Japan
©Toru Wachi 2019